30年專家也想避開的5種

高衝突人格

比爾・艾迪 —— 著　殷麗君 —— 譯

小心那些隱藏在你身邊的人際地雷！
5種善良者必懂的自保識人術

【推薦序】

情緒與人際關係的暴風騎士

◎沈政男／精神科醫師

自卑、空虛、氣憤、不安與孤單這類負面情緒，大部分的人都能夠適當處理，不至於被淹沒，但有少數人的負面情緒來得急又去得慢，生活中很多時候籠罩在一場又一場的情緒風暴裡，有時運氣不錯可以御風而行，更多時候卻是被強風高高捲起，狠狠摔在地上。

被貶低、被拋棄、被限制、被針對與被忽視是人際關係裡常見的負面經驗，大多數人都能在一次又一次的互動裡，學會認識別人與掌握自己，然而卻有少數人總是誤解別人的想法，過度詮釋自己的處境，無法用成熟、平穩與互惠的方式來與人交往，只能一段關係換過一段，繼續在人生的旅程裡跌跌撞撞。

這是哪一些人？就是《30年專家也想避開的5種高衝突人格》談到的五種人：自戀型性格、邊緣型性格、反社會型性格、妄想型性格與戲劇型性格。

這五種性格名稱，乃精神醫學與臨床心理學所使用的學術名詞，不要說一般讀者，就連專業人員也未必可以完全了解箇中意涵，更不用說把五種性格的特質與表現講清楚。

然而這本書講清楚了！作者有心理、法律與教育背景，更有諮商、辯護與管理的經驗，可說是讀萬卷書又看遍萬種人，難怪可以用生動活潑的文字，以心理學理論為骨幹，以實際案例為血肉，描繪出五種性格的圖像。

這五種性格的盛行率至少一到兩成，也就是每十人會有一到兩人，幾乎每個人從小到大，在學校、職場、社區或其他社交場合都會遇到。更可怕的是，很可能自己的枕邊人、家人與鄰居，就是這樣的人。

比如最近很熱門的辭彙「情緒勒索」，通常慣用這類手段來處理人際關係的人，大都屬於這五類人。勒索成功，另一方就被壓迫，而如果人家不從，雙方便會起衝突。

社會新聞版面每隔一陣子就會出現的恐怖情人，也都是這類人，他們不能好好經營親密關係，偏偏最愛談情說愛，也擅於展示自己，等到獵物到手後，就會現出控制狂的原型，而如果對方不從，便容易暴力相向。

在學校與職場上，那些罷凌別人、排斥別人、愛挑剔、常打小報告、自吹自擂的人，通常也都屬於這類人。

遇到這樣的人，怎麼辦？這類人是情緒與人際關係的暴風騎士，能閃則閃，千萬別以為自己能改變他們。只是，這類人一開始與人交往時，不只不討人厭，甚至可能散發魅力，比如自戀型人格總是誇耀自己，看起來很有自信，容易引來追隨者；邊緣型人格容易把別人理想化，當成神一樣崇拜，讓對方飄飄然；反社會人格為了掌控人際關係，可能略施小惠，讓對方受寵若驚。這些人一開始都不是凶神惡煞，光看表面很難避開，因此，學會辨認這五類人，才不會被對方眩惑，才能趕快閃開。

閃不了呢？那就認識、面對，並學習因應方式，而《30年專家也想避開的5種高衝突人格》就是一本適合的入門書。作者在書裡提出辨認這五類人的捷徑，比如「百分之九十的人會不會有這樣的反應」就是實用的判斷法則；作者也建議了跟這類人相處的方法，比如一開始應該同理他們的感受，才能與他們產生連結，而非彼此敵對。

在與這五類人互動時，最重要的原則是設定界線，也就是依照社交習慣與彼此關係，劃出互動時間、地點、方式的界線，只要對方逾越，便溫和但堅定給予提醒。

這類人總是想要把人際關係操弄成自己想要的模樣，如果不設定明確界線，很容易陷入他們編織的大網，無法脫身。

如果自己就屬於「高衝突人格」呢？那麼這本書列出的種種特徵，正好可以當成篩檢工具，必要時進而求助。雖然改變性格不容易，但持續接受心理諮商或治療，可以幫助自己成長，改善人際關係。這本書也可以當成心理諮商與治療人員的課外讀物，讓自己更加認識這類性格的人在職場與社交場合的模樣。這本書更適合當成企業與組織的員工訓練教材，要知道如果組織內有幾名這樣的員工，而主管又不懂得如何駕馭他們，那麼對其他員工來說，來上班等於活受罪。反之，如果能夠熟讀本書，並靈活運用，對於改善工作氛圍將有明顯助益。

【推薦序】

避開人生的地雷

◎楊晴翔／《家事法官沒告訴你的事》作者、
曾任法官，現為執業律師及家事法庭調解委員

還記得古早時的電腦內建的一款簡單的「踩地雷」遊戲嗎？你試探地點下每一個方塊，出現的數字會指示你周遭方塊裡有幾顆地雷，藉此我們戰戰兢兢地解開安全區域，直到我們把所有含地雷的方塊避開才能闖關成功；相反地，如果你不幸點中了有地雷的方塊，取而代之的是BOOM！一聲，遊戲結束！

人一輩子的幸福，有時候也像是踩地雷一般，取決於你在人生的旅途中碰上什麼人、能不能避開某些地雷，又或者能不能從這些人際關係的泥淖儘快脫身。

筆者過去有從不同角色處理法律實務的經驗，在閱讀同是律師、調解人，更是心理治療師的比爾．艾迪（Bill Eddy）所寫的《30年專家也想避開的5種高衝突人格》一書過程中，我不斷地從自己過往接觸過個案的回憶中，搜尋到不少當事人或關係人的類似身影。這本書讓我更加清楚，原來過去曾經接觸過的這些個案，在心

理學上都有具體的描述與研究（也就是「高衝突人格」，統稱為 High-Conflict Personalities, HCPs），而個別的狀況出現在生活周遭的機率，遠高於一般人的想像，據本書作者指出，出現高衝突人格的狀況一代比一代嚴重，人數比例可能在所有人的百分之四到六之間。

我想起某位因細故對親戚提出一連串莫須有訴訟的當事人，他非常自滿於自己學識之淵博，認為不需請律師也能玩弄對手於訴訟程序之間；同時，他也非常善於用一波又一波的言詞去羞辱、怪罪這位親戚，而這些訴訟興起之源頭，不過是因為這位親戚多年前在一件家務事的處理上不願意聽從他的意見。看了本書，我才想起，這位當事人恐怕是那種對於別人不尊重他，不只是很在意，甚至可以說是記仇的「自戀型高衝突人格」者。

在許多婚姻案件的諮詢經驗中，我也常遇到交往半年的新婚伴侶，日後發生糾紛。「半年」這個實證經驗，來自於我個人非正式的採樣，我常在諮詢過程中，請出現紛爭的當事人不要告訴我他們交往多久就結婚，而「半年」往往是我猜對的時間。這恰恰與本書作者所提到的——許多高衝突人格者會隱藏自己的負面行為模式，時間可能長達一年，因此建議大家遇上浪漫的新戀情，應該觀察一年才結婚或同居——可以相互印證。

現代社會離婚率的增加，不外乎因為都會男女工作太忙、步調太快，太多人進了職場就沒有時間耐心地看清交往的對象，甚至連對方的家庭狀況，也欠缺細膩的考察。兩個人才交往不到半年，就因經濟能力堪稱穩定，也到了一直被家人催婚、老大不小的年紀，就匆匆忙忙地辦了婚禮，懷了小孩（也可能懷了孩子是結婚的原因），但是熱戀的衝動早已無法承載或粉飾孩子出生以後的手忙腳亂，更火上加油的是彼此對幼兒照顧的觀念大不相同。這時就會迅速「由愛轉恨」，產生大幅度的情緒擺盪，使用「全有或全無」怪罪對方的激烈言詞，這些「邊緣型高衝突人格」的本質就展現了。而如此情緒有時演變成肢體上的家庭暴力，或像顆不定時炸彈一樣，一旦爆裂，便殃及所有來幫忙的無辜親友、保母等人，無差別地將支持系統炸得粉碎，只留下一片親子隔絕的荒涼。當事人往往於午夜夢迴想到：「如果當時再多觀察一陣子再決定人生大事，又是什麼光景？」

除了法律程序中的個案，我們的日常生活也常危機四伏，就如：

白天課堂外一起談天說笑的某位同學，因你無意間的話語踩中他的痛點，突然晚上就在ＰＴＴ班板上出現一篇興師問罪、要你當眾道歉的貼文，你害怕人際關係積分一夜被扣光，這是你的名譽最危在旦夕的時刻……

或者你時常開車經過某個十字路口，三番兩次碰到同一台車非常惡質地自後方不斷按鳴喇叭，要你違規提早左轉，否則他就試圖要超你的車，最後還搖下車窗對你大聲辱罵。你在尋思是否忍無可忍下車對質或是叫警察到場處理之際，其實不明白自己已經遇上了一名「反社會型高衝突人格」，你的人身安全正處在一個非常危險的狀態……

又或是工作場合常上演的職場霸凌，我們往往在「忍氣吞聲只求職位穩定」與「揭穿真相卻苦無證據」的天秤上舉棋不定，不知道到底該如何避開這些人？遇上了，又該用什麼技巧予以制衡或尋找盟友……

感謝遠流出版公司引進《30年專家也想避開的5種高衝突人格》，這本書不僅提供了簡明的要訣教我們辨識這些危險人物，也具體指引了一些技巧，幫助我們安全地結束關係並脫身；而如果不能及時脫身，也有助於我們在面對他們時採取適當的技巧與策略，或即時尋求專業的諮商師、律師協助。相信任何想要保護自己人生、健康、財務、名譽和家人的讀者，都能因閱讀此書得到幫助，讓我們避開這些足以摧毀人生的地雷。

目錄

第一章

你為何有必要認識這門知識

珍恩一直很嚮往電視的幕後工作，從小便立志要進入大公司。大學期間，她到某個大城市的電視台實習，實習結束後，申請參加電視台最受歡迎的節目錄製，希望找機會說服裡面的人提供她一個工作機會。節目錄製完畢時，主持人傑森注意到珍恩，要求她等工作結束後留下來聊一聊。

傑森非常有魅力。他們針對現今的趨勢和電視是否有未來進行了一番深入的討論，珍恩對這一行的專業知識似乎讓傑森印象深刻，很期待他能助她一臂之力找到相關的工作。談話結束之際，傑森誇讚珍恩美麗，並用力地抱了她一下，當天稍晚她就收到他傳來的簡訊，提議在下班後一起喝一杯。

珍恩很猶豫，不知該不該去，傑森輕佻的態度讓人感到不安。但考慮一會後，珍恩還是回覆了簡訊，表示可以像普通朋友一樣碰個面，同時也提到希望他能幫忙找工作的事。

傑森回簡訊說他沒興趣和她發展私人情誼，而且更不想被她利用，當做謀職的工具。

珍恩很驚訝這人竟然這樣輕率地批判自己，於是取消了邀約。她嫌惡地搖搖頭，對這件事一笑置之，沒多久後就拋在腦後。

三年後，珍恩聽說傑森被電視台開除了，並且因為性侵六名女同事而被捕入獄。

*

湯姆被卡拉迷得神魂顛倒。這女孩是派對上的靈魂人物，有種特殊的魔力，總能讓他脫離原有的生活模式。經過一段熱烈的追求後，他們迅速訂婚，並在她的堅持下結婚了——一切全發生在短短的兩個月內！湯姆對此感到非常快樂。

但結婚三年後，卡拉不但將湯姆趕出家門，並且捏造出子虛烏有的指控，針對他申請了禁制令。惡夢並未到此結束，兩人接下來還為了爭取女兒的監護權打了七年的官司。

讓湯姆震驚的不只是卡拉不斷說謊指控他，她竟然還有辦法說服所有人都相信這些謊話。

＊

保羅十九歲時從一家便利商店搶走三百五十美元，三天後便被警察逮捕，接著因為持槍搶劫的罪名被判服刑好幾年，但他在監獄中改過向善，不僅通過高中同等學力測驗，還能幫忙指導其他犯人。

出獄後，他加入一個教會，受到教友的溫暖接納，自己也為教會的弟兄姊妹們做出許多貢獻。

但好景不常，沒多久他就開始向教友提起遠方表親家失火的噩耗，一有機會就向人展示房屋殘骸的照片，藉機募款。

很快地，教友間開始產生分裂，一派人相信保羅，為他辯護；另一派則認為他又故態復萌了，根本是在欺騙大家。某次聚會中，有部分教友甚至彼此叫囂，還有人揚言如果大家要趕保羅走，他就要退出教會——後來還真的說到做到。

最後是有位記者出面揭發，那些火災殘骸的照片根本和保羅的親戚毫無關係，然而有些教友仍拒絕接受事實，離開了教會。教友之間的裂痕，過了好長一段時間後，才得以逐漸修復。

＊

喬對新進的員工莫妮卡印象很好，她對數字非常敏銳，履歷也讓人驚豔，而且還和他擁有同樣的族裔背景。從某些方面看來，她簡直是完美得不可思議。

但是她進入公司的短短一年內，就不時抱怨有同事騷擾她、客戶跟蹤她，或者接到可疑的郵件，甚至還宣稱喬企圖毀了她的職涯。

喬最後不得不將她開除，沒想到她轉而控告公司，並且特別指出喬歧視她。雖然莫妮卡最終輸掉官司，但喬也因為訴訟壓力和不時得請假上法院，胃部出了問題。他發現自己無法再勝任經理的職務，於是轉回原來的職位處理個人客戶，因此收入驟減。同時他也在醫生的建議下，開始服用抗憂鬱藥物。

＊

艾咪的母親眼底滿是怒火，指著艾咪大吼說：「你爸就是你害死的！其他人不知道，但我很清楚！」她開始啜泣，但絲毫沒有降低音量。「他一心只想要你進家族事業工作，但你這**自私的孩子**卻硬要自己創什麼業，傷透他的心。你**明明曉得**他少了你做不下去。」

這場景發生在她父親葬禮的隔天。一星期前，艾咪一得知父親心臟病發，便立刻搭飛機趕回家，可惜等她抵達醫院時已經太遲，他已在幾小時前在妻子的陪伴下離開人世。艾咪的母親娜婷向來對事情的反應都非常誇張，那天稍晚的時候，她又突然開始痛哭：「未來你會照顧我吧？還是你會像拋棄爸爸一樣，也對我不聞不問？」

身處在當今的社會，你還能相信誰？

你以為自己從未遇過上面所描述的這類人嗎？相信我，你一定有，只是尚未成為這種高衝突人格者的怪罪目標罷了。

上述這些典型的故事告訴我們，任何人都可能在日常生活中無意間遇上某種高衝突性人格者：約會對象、員工、雇主、組織成員，甚至是親戚或朋友，都可能正好有高衝突性人格。我們將在本書中檢視更多類似的案例，告訴你該如何儘早辨識出這類性格，避開他們，以及若是他們已介入你的生活，你該如何應對。此外，如果你發現自己屬於其中某種高衝突性人格，我們也會討論到你該如何自助，避免毀掉自己的人生。

這麼說起來，你還能信任正在約會的對象嗎？或是新到任的員工？投資顧問？想賣保險給你的某位親戚？教會新上任的英俊牧師？電視上的公職競選人？你不得不在非常有限的資訊下做出決定，而且所能考慮的時間往往十分短暫。

好消息是：你可以相信，有百分之八十到九十的人是言行一致的，而且也會遵循多數的社會規則。

壞消息是：有五種類型的人，可能會摧毀你的人生。他們會毀掉你的名譽、自尊或是事業，可能會破壞你的經濟狀況、心理或身體健康。如果你給他們機會的話，其中某些人可能會致你於死地。

這些人佔了人類總數的百分之十——每十個人中就有一個，光在北美地區，就有超過三千五百萬人。總有一天，其中某個人很有可能會將目標轉到你身上，這就是為什麼閱讀這本書會是如此迫切的要務了。

這些人都各自擁有某種極端的**高衝突人格（HCPs）**。

我們多數人通常都會試圖解決或消弭衝突，但是這些高衝突人格者會不由自主地以增加衝突的方式來回應衝突。他們的作法是，將焦點集中在某個「怪罪目標」身上，無情地加以攻擊——言語、情感、財務、名譽上的攻擊，或訴諸官司與暴力，往往歷時數個月或數年，就算起因只是微不足道的摩擦也一樣。

他們的怪罪目標通常是身邊親近的人（同事、鄰居、朋友、夥伴或家人），或者某個坐擁權力的人（老闆、部門主管、警察、公部門代表）。不過有時候，他們也可能完全隨機地挑選怪罪目標。

高衝突人格者自人類有史以來便存在，但一直到近年來，我們才開始了解到他們的思想、行為和動機。

大部分高衝突人格者，都具備五種人格障礙中的一種或多種特徵。這些嚴重甚至具有危險性的情緒缺損，已經屬於心理健康專家所界定的精神疾病。

依照開頭的真實案例順序，這五種可能摧毀你人生的人分別是：

- **自戀型高衝突人格**（Narcissistic HCPs）：他們看上去十分有魅力，而且常自認為比其他人優越。他們會侮辱、羞辱、欺騙怪罪目標，並且缺乏同理心，也會不斷想從所有人身上索取自己不配得到的尊重和注意力。
- **邊緣型高衝突人格**（Borderline HCPs）：他們一開始通常極度友善，但會出乎意料地突然暴怒。當這樣的情緒轉變出現時，他們可能會因為他人極輕微，甚或不存在的怠慢而採取報復行動。他們可能對怪罪目標進行惡意攻擊，包括肢體暴力、言語辱罵、犯罪行為，或試圖毀掉對方的名聲。
- **反社會型高衝突人格**（Antisocial or Sociopathic HCPs）：他們可能極度有魅力，但魅力只是一種假象，用來掩蓋他們支配他人的衝動。慣用的支配伎倆包括說謊、偷竊、公開羞辱、施暴，在一些極端的案例中，甚至會殺人。反社會型高衝突人格者非常冷酷，可以說是毫無良知。

- **妄想型高衝突人格（Paranoid HCPs）**：他們非常多疑，而且害怕受到背叛。經常會幻想有不利於自己的陰謀，因此會先發制人，攻擊怪罪目標，希望能先傷害對方。
- **戲劇型高衝突人格（Histrionic HCPs）**：他們擁有極度戲劇化和容易激動的個性，經常能從他們口中聽到極端、瘋狂的故事，但有時會發現根本是虛構的。長期下來，他們會讓周遭的人——尤其是怪罪目標——受到傷害，在情緒上感到精疲力竭。

並非每一個具有人格障礙的人都是高衝突人格者，因為不是所有人都會攻擊怪罪目標。多數人格障礙者反倒像是受害者，常感到徬徨無助，但不會特別怪罪任何人。其中有部分的人甚至有辦法克制自己，將行為控制在可接受的範圍內（通常是藉由治療和藥物的幫助）；其他人則具有隨機的破壞性，譬如那些會沿路砸破車窗的人。

當高衝突性人格（會找目標來怪罪的那些人），結合上某種人格障礙（不曾反思或嘗試改變自身行為的那些人），便會創造出能夠摧毀你人生的人。這樣的組合，正是這本書所要探索的主題。

什麼是人格障礙？

我在這整本書中所討論的，是與高衝突人格極度相關的五種人格障礙。那麼，所有的人格障礙者都具有危險的人格類型嗎？未必，要視狀況而定。根據第五版《精神疾病診斷與統計手冊》（DSM-5[1]），人格障礙屬於心理疾病的一種，而手冊中所列出的十種人格障礙，全都具有以下三種共同的關鍵特徵。

● 人際互動障礙（Interpersonal dysfunction）：他們經常因為攻擊他人、在互動關係中退縮、報復或暴怒，導致人際關係上出現重複的問題。

● 缺乏社會自覺（Lack of social self-awareness）：他們無法察覺自己與他人之間產生的各種麻煩從何而來。他們看不出自身的問題何在，也看不出大部分的問題其實是自己所造成。

● 缺乏改變能力（Lack of change）：無論在他人或自己身上造成多少麻煩，他們都很少改變自己的行為。他們隨時都在自我傷害，可說是被困住了。他們會替自己的行為辯護，而且對希望他們改變的人感到憤怒，有些人會罕見地答應做出改變，但通常都做不到。這是因為他們大多不覺得自己有問題，誤以為所有發生的麻煩都只是機緣巧合，因此自己無能為力。他們很習慣以受害者自居。[2]

根據第五版《精神疾病診斷與統計手冊》，約有百分之十五的人符合其中一種情緒障礙的標準[3]。大部分從未確診，但長期下來，周圍的人可能會發現他們是有問題的。

我在精神病院、門診，以及法務和調解工作中，發現某些具有人格障礙的患者並沒有怪罪目標，因此不會經常與他人產生強烈的衝突，他們只會陷在無助的情緒裡。同時我也發現，部分高衝突人格者雖然具有人格障礙的某些特徵，但其實並沒有人格障礙。這些人比較沒有那麼難對付（憤怒和操縱欲沒那麼強烈），也比較願意放過他們的怪罪目標（可能只持續數天或數周，不致於到好幾個月或幾年）。

但真正會造成麻煩的，是那百分之十既有怪罪目標又有人格障礙的人。這些人一旦鎖定怪罪目標就絕不放手，無法自制、無法改變，進而摧毀自己和你的人生。

人格障礙和高衝突人格重疊的特質如下：

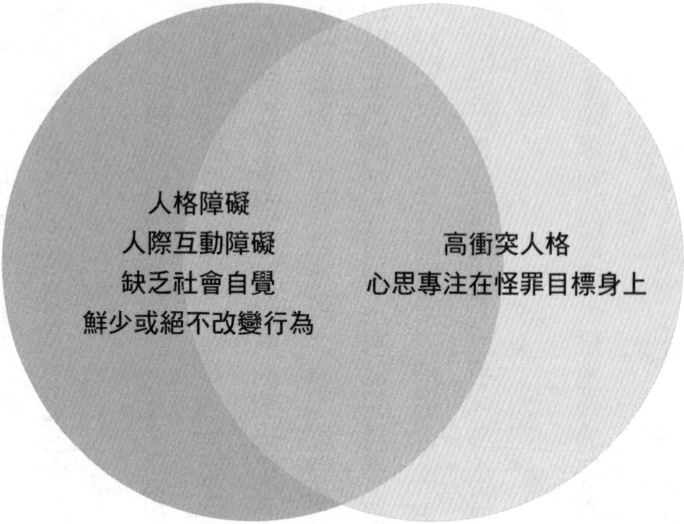

如果你遇見落在重疊區域的人，你必須有能力辨識出來並避開，甚至在必要的情況下對付他們。如此才能拯救自己，免除掉大量的麻煩和煩惱，甚至可能挽救自己的名譽、健康或生命。

但你憑什麼該相信我？

我向來喜歡幫助人們解決衝突。我是一名心理治療師、律師、調解人，同時是聖地牙哥高衝突研究中心（HCI）的共同創辦人和負責人。過去三十多年來，我一直從多種面向研究高衝突人格，相較於大多數人習慣從個人或單一工作上的觀點為出發，我看到的是更宏大的視野。

就是因為這種較宏觀的視野，我發現越來越多高衝突人格者的可預測行為模式，以及他們對待怪罪目標的方法；這些模式是截至目前很少有人識別出來的。我憑藉著這些知識以及高衝突研究中心，培養出一組訓練師，定期將本書中的原則以及其他更多有關高衝突人格的知識，傳授給其他世界各地的專業人士。

我之所以出版這本書，為的是幫助任何想要保護自己人生、健康、心理、財務、名譽和家人的讀者，讓你們避開這五種可能摧毀人生的類型。

在接下來的章節中，我們將學習辨識高衝突人格的共同言行模式（他們的可預測性高得出奇），以及有助儘早發現這些人的警訊，還會教大家如何避開他們，以及如果你要對付他們的話，又該怎麼做。

現在就讓我們開始吧！

第二章

警訊及
百分之九十原則

只要你能辨認警訊，高衝突人格者的可預測性出乎意料地高。由於他們有很高的機率會變得非常危險，因此這項基本常識對所有人來說越來越重要，而且其實一點都不複雜，關鍵就在於辨認模式而已。

高衝突人格者的思考、感受和行為模式，比大部分人來得狹隘，也就是說，高衝突人格者在面對不同人、不同狀況時，會反覆採取同樣的行動[1]。這種「高衝突模式」讓他們的行為比一般人好預測，也因此讓辨認潛在的高衝突人格者變得比較容易。

要辨識高衝突人格，最重要也最簡單的一點是：他們雖然嘴上言之鑿鑿，但絕不會付出任何努力來降低或平息衝突。高衝突人格者的行為模式，是去**增加**而不是解決衝突，你可以特別留意這類警訊，例如：衝突經常急遽升高（尖叫、逃跑、施暴等等），或是衝突拖延長達好數個月或數年，而且還有其他人也陸續被牽扯進來。

另一個關鍵是，碰上高衝突人格者的時候，那些看起來像是造成衝突的爭議，基本上都**並非**真正的原因。爭議本身根本不是問題所在，**他們的高衝突行為模式才是真正的起因**。

讓我們進一步仔細觀察高衝突行為模式的四個主要特徵：

1. 大量「全有或全無」的極端思考方式
2. 強烈或不受控制的情緒
3. 極端的行為或威脅
4. 責怪他人（也就是怪罪目標）的執念

● **大量「全有或全無」的極端思考方式**：高衝突人格者面對衝突時，經常只看得到一個簡單的解決方法。（所有人都照他想的去做就對了。）他們不會去——或許也做不到——分析狀況，聽取不同觀點，考慮各種可能的解決方法，妥協和變通似乎是不可能的任務。對高衝突人格者來說，要是事情不完全按照自己的方法走，他們就會活不下去。如果其他人不按他們的想法去處理或回應事情，他們就會預測各種極端的結果——死亡、災難、毀滅等等。

當高衝突人格者和朋友在小事上意見不合，他可能會採取非常典型的極端回應方式：立刻和朋友絕交。

● **強烈或不受控制的情緒**：高衝突人格者在表達自己的觀點時，很容易變得情緒化，會突如其來地暴怒、痛哭、吼叫或無禮辱罵，經常會嚇到其他人。他們的反應可能和當下的狀況或討論的議題完全無關，但他們似乎就是無法控制情緒。他們事後有可能會後悔自己失控，或者會辯稱自己的反應很合理，並且強迫你也要有同樣的感受。

有些高衝突人格者會反覆困在自己對他人的情緒反應裡，但不一定會顯露出來。相反地，他們會認真為自己過去的行為辯解，並且批評其他人。他們看上去可能非常理性，但談論的主題永遠圍繞在過去，著重於自己曾受到不公平的對待，變成可憐的受害者。只要有人願意聽，他們就可以無止盡地說不停，永遠不會將話題放在現在和未來。

● **極端的行為或威脅**：高衝突性人格者經常顯現極端的負面行為，包括推人、打人、散布謠言和謊言、沉迷於和某人互動或追蹤其動態，或者完全拒絕與特定人士聯繫，就算對方急需他們回覆也一樣。這些極端的行為多半肇因於高衝突人格者本身的情緒失控，有些行為則是源自想控制支配他人的強烈慾望，例如：藏匿目標對象的私人物品、不讓目標對象與他人交談，如果對方不肯就範的話，便提出極端的威脅或是動粗。

也有某些高衝突人格者在利用情感操控來傷害他人時，外表看來卻非常平靜自制，他們會在你難以察覺的狀況下，挑起憤怒、恐懼、不安和困惑。他們或許表現得泰然自若，但長遠下來，這種操縱情感的手段卻會將人越推越遠，他們也無法得其所願。而對於自己的行為對他人的情感所造成的毀滅性衝擊，他們經常毫無所悉。

● **責怪他人的執念**：高衝突人格者最常見——也是最明顯——的特徵，就是經常會激烈地將錯誤怪罪到別人身上，尤其是親近的人，或是位於權力位置的人。高衝突人格者會從怪罪目標的一切行為中找出錯誤，再加以攻擊和指責，同時他們會自認無辜，問題的所有責任都不在他身上。如果你曾經是高衝突人格者的怪罪目標，你一定懂我在說什麼。

高衝突人格者很容易在網路上憤怒地責怪他人——無論陌生人或熟人，因為網路提供的距離感，能讓他們感到安全和獲得權力。他們之所以會怪罪陌生人，便是因為這樣最輕鬆簡單。

如果你認識有人經常顯現上述的警訊，請千萬小心。當你遇到有人在生活中不斷出現全部的四種特徵，那麼他極有可能就是高衝突人格。（參見第275頁，附錄中的「高衝突人格的四十種可預測行為列表」。）

你可能已經認識某個具備高衝突人格特徵的人，這樣的話，有件事你一定要知道：**無論事實有多明顯，都不要告訴任何人他有高衝突人格或人格障礙。**他們會將此視為攸關生死的攻擊，讓他們有充分的理由把你當作下一個怪罪目標。

同樣的道理，若你肯定某人是高衝突人格，絕不要以此做為對付他的武器。（請參見下一章，有更多避免成為怪罪目標的策略。）

到底什麼才是高衝突人格者的危險訊號？他們到底與普通的混蛋，或是整個星期心情都不順的傢伙有何不同？最好的辨別方式，就是檢驗他們所說的話、所做的行動，以及你對他們的行為所產生的情緒反應。

從他們的話中尋找威脅或偏激的字眼

他們所寫下或說出的話，都能提供線索。我們來看看下面這則實際的訊息，這是一名男子在商業糾紛的調解庭之前，寫給對方律師的一段話：

> 我會用全身上下每顆細胞追著你，絕不會放手，直到看見你因為詐騙陰謀而鋃鐺入獄為止。[2]

這段話看起來簡短，但非常偏激。如果這是他對這位律師所做的唯一一件偏激之舉，有可能只是單純出於一時情緒激動，「或許」可以加以忽略，但真實的狀況是：這人早在調解庭之前，就已經不斷咒罵、威脅這位律師好幾個星期了。而且他有過一長串訴訟的記錄，這也代表了高衝突的行為模式。

同時要注意的是，這一段話中顯示出四種高衝突人格的主要特徵：「全有或全無」的極端思考方式（全身上下每顆細胞）、強烈或不受控制的情緒（絕不會放手）、極端的行為或威脅（直到你鋃鐺入獄）、責怪他人的執念（追著你）。

在寫下這段話的一星期後，男子出席了商業調解庭，到場的還包括與他有糾紛的公司總裁，以及總裁的律師（也就是這段訊息的收件者），而就在調解庭一結束，男子立刻開槍射殺了總裁和他的律師！

檢驗你自己在面對激烈反應時的情緒

當你聽到有人說出激烈言論的時候，或許會感到不安、受威脅或厭惡，請務必仔細檢視這些情緒。

蓋文・德・貝克（Gavin de Becker）在他的著作《求生之書》（The Gift of Fear[3]）中解釋過，人類的情緒經常先於大腦，提供我們清楚的警訊。他在書中列舉好幾個案例，顯示人們如何因為感到恐懼而採取自我保護的行動，因此避免生命受到威脅。

如果某人一出現，你便想逃走或怕得呆住不動，千萬不要忽視這類突然的情緒衝動，尤其當這種情緒跟你的理智不相符的時候。雖然你不必一感覺害怕便立即逃跑，但還是要留心這種感覺，以及可能造成你這種感受的人。謹慎地評估自己是否正身陷危險之中：你對正要發生的事是否漸漸有警覺？你能不能辨別出身旁的人是高衝突人格者？請長期仔細地觀察那個人，用眼睛看，用耳朵聽，尋找高衝突人格的四個重要特徵。

與高衝突人格者相處時，大家常有一種共同的經驗：當你聽他告訴你某人（也就是怪罪目標）有多可怕後，「你本身」也開始對他的怪罪目標產生類似的負面情緒。你要檢視自己內心是否有對於他人的強烈負面情緒——無論這情緒是來自於在你面前表達負面情緒的人，或是來自於對方所說的內容或說話方式，都值得注意。

這或許是一個警訊，表示你面對的正是一個高衝突人格者。

尋找高衝突行為的歷史

行為模式在經過一段時間後會顯露出來，如果你想確認某人是否有四個高衝突人格特徵，只要花幾個星期或幾個月的時間觀察，便能做出有根據的判斷。

如果他們的確是高衝突人格者，那麼透過他們現在和過去的行為，就可以準確預測出未來的行為，因為高衝突人格者會不斷重複相同的行為模式，絕不會學到教訓，也不會改變，這一點我在全書中將有更多詳盡的解釋。（記得參考附錄中的「高衝突人格的四十種可預測行為列表」。）

一個人的過去也能透漏很多訊息。Google 是很好的工具，另外，也請向多位認識此人的人（不要只問一、兩位），以不經意的方式問起他們的看法，看看是否會發現相關的行為模式。你也可以查閱法庭記錄（通常是公開的），因為高衝突人格者上法庭的機會比一般人要高，通常不是因為對他人提出控告，就是因為傷害別人而自己被告。

許多高衝突人格者會隱藏自己的負面行為模式，時間可能長達好幾個月到一年，但很少超過這個限度。最終，他們行為模式還是會回來，顯現在與他人的互動關係中。（因此我才會強烈建議，在遇上浪漫的新戀情後，至少要等一年才結婚或同居，甚至生小孩。）

還記得前面提過的湯姆和卡拉嗎？他們約會短短兩個月後，便在卡拉的堅持下結了婚。湯姆一開始很猶豫，但卡拉抱怨說他只是因為害怕承諾。結婚一個月後卡拉便懷孕了，當小蘿拉出生時，湯姆和卡拉才認識不到一年。

孩子的出生沒有讓他們的關係變得更親密，此外，卡拉對於人母的角色並不熱衷。她抱怨和怪罪他人的老習慣又回來了，聲稱因為自己整天關在家裡照顧女兒很痛苦，所以脾氣變得焦躁易怒是有道理的。

對湯姆來說，曾出現過警訊嗎？當然有，卡拉快速地逼他做出承諾，以及否定湯姆的不安，都是明顯的警訊，因為婚姻從一開始便應該是兩人的事，而非由一方單獨主導。同時她還有責怪他人的執念——這正是高衝突性人格的一個強烈警訊，這些行為模式都不會因為結了婚而有所改變，反而常在結婚後變得更嚴重。

百分之九十原則

不過，有沒有辦法從單一的事件中，快速辨識出潛在的高衝突人格者呢？通常有辦法，許多高衝突人格者做出的事，是百分之九十的人絕不會做的，舉例來說：

- 只因為疲倦或緊張，就隨機毆打陌生人。
- 只因朋友未能守住一個微不足道的小秘密，就公開羞辱他。
- 因為小孩沒遵守規矩，就毀壞他最鍾愛的紀念品。
- 在機場越過排隊的人龍，直接走到櫃檯最前面，要求櫃檯立即服務自己，並且告訴其他排隊等待的乘客：「這是因為我比你重要！」
- 對剛見面的陌生人，獻上強烈、親密的大擁抱。
- 在例行的公司會議上，突然大吼大叫。

以上所有的行為都是極不合理的，百分之九十的人會做這些事嗎？我稱此為「百分之九十原則」，當你看到某件極端負面的行徑時，請自問：百分之九十的人會這麼做嗎？如果答案是不會，幾乎可以確定做出這些行為的人是高衝突人格者。

《求生之書》中提到一個故事，有名女性因為丈夫拿槍指著她的頭而決定申請禁制令。她告訴承辦的警官，只要丈夫承諾永不再犯，她願意回到他身邊。警官告訴她，丈夫一定還會再犯，而且下一次可能真的會殺了她。

警官怎麼知道呢？我想他只是應用了百分之九十原則而已，因為百分之九十的人不管出於什麼理由，都不會拿槍指著自己配偶的頭。這種偏激行為，幾乎可以確定就是高衝突人格的行為模式，所以你何必冒險呢？

接下來又是一個真實案例。一位育有三個孩子的母親，在離婚後突然消失，將近一年的時間裡與孩子、前夫完全斷絕聯繫，然後突然間又重新出現，開始與他們定期聯絡。一段時間後，她認為事情發展不如自己的預期，於是又和前夫上法庭爭奪孩子的監護權，就在聽證會開庭前不久，她又失蹤了，而且這次把孩子們也一起帶走。

讓我們用百分之九十原則來看看這個案例：百分之九十的離婚雙親，絕不會突然失蹤，長達一年都不聯絡，後來才又出現。潛藏在這種行為底下的便是高衝突模式。

WEB法則

如果你發現某人的行為擁有潛在的高衝突模式，又該怎麼辨呢？有個簡單的方法可以讓你輕鬆記得該如何評斷高衝突人格特徵，我稱之為「WEB法則」。觀察這個人的**言語**（Words）、你本身對於這些言語的**情緒**（Emotions）反應，以及這個人的**行為**（Behavior）。

1.言語：這人說的話符合高衝突模式嗎？

他是否一味責怪他人呢？

他經常用到「全有或全無」的偏激概念嗎？比如：「照我說的話，否則免談！」或「我痛恨他們每一個人，你呢？」

他在情緒溝通上是否有困難？舉例來說，他會傳送滿是表情符號的簡訊，來表示對對方的不滿，或在明知不可能的情況下，乞求對方跟他說話。

他常語帶威脅嗎？

2.情緒：你在這人身邊時有什麼感覺？在接近他，或想到要接近他時，你會：

感覺害怕或焦慮？

感覺自己不夠好或常被貶低羞辱？

因為他的行為或話語而感到自責？

試圖否定或壓抑自己的感覺嗎？

感覺異常的積極正面——彷彿這個人好到難以置信？

感覺被迷得神魂顛倒？

感覺自己是這人的生活重心——好像他為你痴迷似的？
覺得他是個無助、不幸的受害者，為他感到非常難過？

3. 行為：這人的行為偏激嗎？

你觀察到他會用極端負面的方法對待其他人嗎？
這人會用極端負面的方法來對待你嗎？
百分之九十的人會做和他相同的事嗎？

你千萬要小心，他們經常會用緊張、疲倦或情況特殊當藉口，來為自己偏激的行為或言語辯護。請別理會這些藉口，並且使用百分之九十原則來做判斷。

你將發現，這個原則可靠得驚人，可以幫助你在雇用員工、約會、結婚或選舉投票時，避開那些可能毀掉你人生的人。

在接下來的章節中，我們將更仔細地逐一討論五種不同的高衝突人格，以及如何辨識、避開或對付他們，讓你免於受到他們的傷害。

對付高衝突人格者

如果你逼不得已，或是決定要對付某個高衝突人格者，我建議你利用我所發明的CARS法則[4]。這項法則分為四個步驟，可以幫助你應付高衝突人格者：

1. 用同理心、關心和尊重與他產生連結（Connect）。
2. 分析（Analyze）替代方法或選擇。
3. 回應（Respond）錯誤訊息或敵意。
4. 為高衝突行為設下界線（Set limits）。

我會在之後的章節簡單解釋這套法則，以及如何應用在五種不同類型的高衝突人格者身上。但如果你已經遇到了高衝突人格者，我們的首要之務是如何不要成為他的怪罪目標。

第三章

別成為
怪罪目標

我在上一章曾提到，高衝突人格者有四個主要特徵：

- 大量「全有或全無」的極端思考方式
- 強烈或不受控制的情緒
- 極端的行為或威脅
- 責怪他人——也就是怪罪目標——的執念

你有可能變成高衝突人格者的怪罪目標嗎？如果不小心警戒的話，就有可能，高衝突人格者通常會挑選身邊或位於權力位置的人做為目標。碰到這種因為私人或從屬關係而接觸到的人，我們很容易在沒有太多認識的情況下，將他們邀請進生活中。

避免、預防高衝突行為，就像避免生病一樣。了解高衝突人格者的人格類型，就像打預防針，可以保護自己不變成他們的怪罪目標，我稱這種技能為「人格覺察」。

事實上，藉由閱讀本書所培養出的人格覺察，會讓你在與人相處時更有信心，因為知道如何辨認危險人格類型的警訊，避免進一步的傷害。

若你經常與潛在的高衝突人格者周旋，不想掉進他們的圈套，就需要人格覺察來自我保護。我會教你利用一些簡單的評估方法來建立這種認知，當有陌生人出現在你的生活中，或者當你懷疑自己可能碰上高衝突人格者時，便可派上用場。

那些缺乏相關知識或過於天真的人，高衝突人格者經常能順利贏得他們的信賴，身為社會一份子，我們若能將這些知識分享出去，便能大大降低他們造成的傷害，對所有人都有益。

關於高衝突人格你需要知道的四件事

第一，我在第一章中提過五種人格障礙，具有這些人格障礙的人分布在各個經濟、社會、政治和族裔團體裡。你無法從一個人的背景來判斷他是否是高衝突人格者。

舉例來說，你無法從職業或是否受到大家信賴來辨別高衝突人格者。事實是，深受愛戴的領袖人物和從事助人專業的人（老師、醫生、神職人員、治療師、護理師等等），具有人格障礙的可能性或許還比其他行業的人稍微高一些，因為親密關係和權力位置正是這些職業吸引人的特質。

第二，有研究報告指出，高衝突人格者的比例正在逐漸增加，這表示你成為目標的風險也在提高。[1]

第三，高衝突人格者面對衝突時，思考方式和行為與一般人不同，**因此在對付他們時，你所採取的方法也一定和平時解決衝突時不同。**

第四，高衝突人格者本質上並不邪惡。我們不應該將他們視為壞人，或試圖將他們逐出社會。他們很多都是先天導致的人格障礙，或是因為童年時受到嚴重虐待或縱容才造成的。

有些高衝突人格者在正確的干預行動下，能夠被引導去尋求協助，過著比較有意義、比較快樂的生活。至於那些無法接受幫助的，我們就必須共同合作，限制他們所造成的傷害。

為何是現在要知道？

現今世界發生了四個巨大的變化，讓人類變得更加脆弱，對我們所面對的人更無從熟悉，因此人格覺察變成了避免成為怪罪目標的重要知識。這四個變化是：

● **我們不知道彼此的個人歷史**：這個時代人類的流動性高到驚人，高到我們已經變成了一個「個體化」的社會。然而我們還是必須群居生活，因此會不斷有新認識的人進入我們的生活：約會、上學、上班、雇用維修人員、加入教會、擔任志工、投資、運動……多到數不清。但是，你對多數人的過往歷史都一無所悉，不知道他們的名聲、過往的人際關係，除了他們自己透漏的訊息之外，你什麼都不知道。沒有個人歷史，你很難從表面判斷誰能信賴，誰不能信賴，雖然可以上網查詢對方的資訊，但還是難以斷定真偽。

● **家庭與社區的力量式微**：社區、鄰居和家族成員之間曾經是彼此都認識，而且會互相幫忙留意的，大家會分享對陌生人或可能具有危險性的熟人的看法。如果有你想認識的人，總會有某個熟人知道他的底細，藉著八卦流言，大家可以知道應該避開哪個人，或者該怎麼應付他。過去的家族和社區特別擅長篩選出高衝突人格者，保護其他人不受傷害，但現在，在這個個體化的社會裡，你幾乎是獨立生活，因此篩選的工作只能全靠自己。

● **我們全都受到電子世界的控制**：在網路上，任何人只要花少少的力氣，就能隱藏自己的真面目，呈現出完全不同的面貌。越來越多人利用科技來誤導他人，你會被這些迷人的假照片、漂亮的假資歷或感人的故事引誘上鉤，最後才發現根本是謊言連篇。

● **娛樂文化誤導了我們對於真實世界人格的認知**：提供我們娛樂的電視和電影裡，充斥著行為像是混蛋的人（通常都是高衝突人格者）的有趣故事，然後情節會來個大翻轉，讓這些人在得到啟發後改邪歸正。他們到最後全變成聰明又善良的人（想想迪士尼的卡通，和一些浪漫喜劇），這扭曲了我們在真實世界中的認知。因為不管大家多努力，或天真地相信自己可以改變他們，高衝突人格者都很少會像這樣受到啟發後改變行為。

這四種近年來的文化改變，再加上人類數千年來的古老天性，變成了一種可能十分危險的組合。為什麼呢？因為人類天性裡的某些面向，註定我們容易受到操控，因此增加了成為怪罪目標的機會。

- **我們容易相信人**：許多實驗都證明，比起不信任人，我們更寧願選擇相信，尤其當有人上前求助時更是如此。[2]不幸的是，這個正向的心理特質卻讓我們更容易受到高衝突人格者的控制，他們會不斷在情感上求助、勒索，扮演受害人的角色。
- **我們特別容易信賴自己認同的團體中的成員**：大量的腦部研究顯示，從嬰兒時期開始，我們就會根據自己的背景和文化形成對他人的刻板看法。[3]我們會過分信任自己認同的團體中的成員——尤其是同樣族裔、人種、政治立場或宗教團體[4]，然而，其中有百分之十的人是不應該相信的。我們對於與自己不同團體的人往往又不信任，但其實他們有百分之九十的人是值得信賴的。

● **我們容易相信自己的情感**：「情感連結」是人類最強大的慾望之一，我們不斷地想要被愛、被喜歡、被尊重[5]，然而，操縱你的情感，正是那些可能摧毀你人生的人最擅長的技巧之一。你會被他們的故事打動，會因為他們的魅力以及他們對你的關注而被說服。

● **我們會懷疑自己的行為**：諷刺的是，我們很容易相信他人，卻不容易相信自己。當我們與人發生衝突時，第一個衝動便是質疑自己：我說錯了什麼嗎？我是不是做了什麼愚蠢或冒犯人的事？我下次該如何改進？這種正常的人類特質能幫助我們學習、改變和成長，但是當你面對的是高衝突人格者時，這種特質就會帶來麻煩——尤其是當你比起相信自己，更傾向相信對方的時候。

這些都是很正常的人類特質，我們會有這些反應完全沒有錯，在百分之九十的情況下都是行得通的。你只是需要學習何時該丟棄這些反應，否則就有可能變成怪罪目標。這正是本書的目的：學習辨識大部分人忽略或看不見的警訊，然後基於對高衝突人格者的新知識來行動，取代你原有的天性反應。

愛的故事？

還記得湯姆和卡拉嗎？讓我們來看看他們發生了什麼事。

湯姆愛上卡拉的原因之一是，她是派對上的靈魂人物，所有人都愛她，他怎麼會不愛？而且，他向來是個害羞、安靜的人，她卻能開發出他潛藏的外向面，他感覺自己在她身邊時，可以展現完全的自我。

一開始，他感覺欣喜若狂。他到三十歲這個年紀，終於找到一個可以真正心靈相通的人……好吧，老實說是卡拉先找上他的。當時他進到一間酒吧，而她是駐唱歌手，他瞬間就被迷住了，中間休息時她主動過來跟他聊天。

卡拉說自己也是三十歲，正在尋找願意安定下來又負責任的男人，一起養育小孩。湯姆是個負責的人，不過從事後結果看來，卡拉倒不是很有責任感。

他們辦結婚手續時，湯姆驚訝地發現她已經三十五歲。「怎麼會這樣？」他驚呼。「別擔心，」她說：「所有女人都會謊報自己的年紀。」

湯姆心想：「喔，這我還真的不懂。反正她是個很棒的女人！」

結婚後，卡拉一直不斷與人起衝突。每天不停告訴湯姆她的敵人有多壞又多壞：朋友、家人、同事都在同一天惹她生氣——但隔天，他們又全變成她最親愛的夥伴；再隔一天，這些人又變成敵人！很快地，她的抱怨開始讓湯姆感到挫折，他只能看著她與那些人言歸於好，和一週前那些她痛恨得要命、還要求他也同仇敵愾的人，相處融洽，相談甚歡。

結婚六個月後，卡拉懷孕了，湯姆很開心即將身為人父，小蘿拉成為生命中的另一個摯愛。但他不開心的是，蘿拉出生後，卡拉開始把他當成「那些敵人」一樣對待，不到一年後，連小蘿拉都變成她眼中的壞蛋！但卡拉又突然轉變了性情，對他們父女非常溫柔，所以湯姆放下心來，以為一切都沒事了。然後過沒多久，情況又再次變糟。

湯姆慢慢知道這段婚姻是走不下去了，卻盡可能拖延著不做出分手的決定。事實上，他還努力想幫助她變得正面一點，提議兩人去做婚姻諮商，但她拒絕了；他提議暫時分居，她也拒絕。

挫折之下，他終於下了最後通牒，要是她再不做改變，他會在一星期內提交離婚申請。

幾天後——就在他準備提交離婚申請之前——他收到一封禁制令，要求他搬離。原來卡拉早已經申請離婚，並且在一場湯姆沒有出席的簡短聽證會中取得禁制令。卡拉告訴法官湯姆非常危險，不但一直辱罵她，還威脅要她的命。因此根據她的說詞，法官同意湯姆必須被逐出他自己的家。

這中間究竟發生了什麼狀況？

湯姆愛上卡拉，但每天都有人陷入愛河，你可能會想：這有什麼問題？

卡拉是在另一個州出生長大的，湯姆曾經和她父母碰過面，聊過她的一些過往，但他們沒有提到卡拉年輕時期放蕩、危險的生活。當時她總和一群吸毒、偷車狂飆、不時離家出走的朋友混在一起，這些事她爸媽完全沒提，理由或許是他們根本不知情，又或者是拒絕承認。總之，湯姆在結婚前對卡拉的過去並不太清楚。

當湯姆和卡拉開始約會時，湯姆認識的人裡，沒有人認識卡拉。在酒吧裡，酒保說她很受歡迎，還說湯姆運氣真好能追到歌聲這麼棒的女孩。但酒保也只知道這麼多而已——或至少，他只願意說這麼多。當然，湯姆也沒有任何社區或家族成員可以提供他有關的訊息。

在卡拉的社群媒體頁面上，有很多和朋友的精采合照，但湯姆從沒碰過這些人，也一直沒有機會見面的。甚至到了最後，湯姆開始懷疑這些朋友會不會根本是假的。

另一方面，卡拉則迅速地知道有關他的一切。他們才剛認識一個月，她就藉口筆電送修，需要借用電腦，向他索取電腦的登入密碼。後來湯姆才知道，她當時趁機徹底翻查過他的電腦，但至於她自己的電腦，從來都不讓湯姆碰。

湯姆後來意識到，自己早先忽略了一些可能的警訊：她想知道他的一切，卻幾乎不分享任何有關自己的訊息（全有或全無的思考）；她會衝動地變換朋友和敵人的角色（不受控制的情緒）；她無論碰上什麼事，都會激動地怪到別人身上（責怪他人的執念）。

然而打從一開始，她似乎就美好到不像真的。湯姆天生的直覺誤導了他嗎？絕對是如此，因為從任何人的標準來看，卡拉都很迷人。她會唱很多他從小就耳熟能詳的歌，這點對他來說特別有吸引力。他們有共通的文化背景，而她的外貌和舉止，完全符合文化背景中受歡迎女性應有的典型，他沒有理由不信任她。何況，他戀愛了，以為自己找到能完全接受他原本面貌的人。

真可惜，他當時不知道她是怎樣的人，不知道事情會怎麼發展。但其實他從一開始就有行為模式的資訊了：她對人很容易有「全有或全無」的觀點；與大部分人比較起來，她強烈的愛恨情緒轉變得太快、太容易。她怪罪別人的執念一開始可能只是有點怪，但後來就變得很煩人。湯姆以為卡拉愛他，絕不會這樣對待他，但如果他懂得人格覺察的技巧，就會知道自己終將變成她下一個怪罪目標。

他如果具備這些知識，大概在交往一個月左右就知道逃開，更別說和她結婚了。

關於同情

在深入探討特定的行為模式和警訊之前，我希望提醒大家能夠抱持同情的心態。沒有人願意自己擁有人格障礙或高衝突人格，這是基因加上成長環境所造成的問題。有些高衝突人格者是因為童年時曾受過嚴重的虐待，有些雖然有良好的教育成長環境，天生的基因卻有缺陷，但大部分都綜合了這兩種因素。

不論成因為何，有人格障礙或高衝突人格的人是相當不幸的，他們因為基因或童年成長環境，喪失了自覺和改變的能力，所以他們的行為是不由自主的。他們不瞭解，如果能專注在自我改變，而不要將衝突和自己的情緒怪罪到別人身上，他們的生命是能得以改善的。

記得我在第二章提過的：若你確定某人擁有人格障礙或高衝突人格，絕對不要正面與他硬碰硬。你應該要避開他，或應用接下來章節中學到的技巧去對付他，但同時別忘了懷著同情心。

第四章

「我最棒，你最爛」類型

你是否認識那種自認為比任何人都優秀的人，他們一心只想證明這點，結果似乎永遠在犧牲別人的利益？或者，你一開始被某些人的魅力所吸引，但後來發現他們對待你的態度充滿優越感，或者總要求別人給他們特別待遇。又或許，你曾感覺到有些人會為了讓自己的需求被優先處理，或為了得到禮遇和特別的關注，而迫害或怪罪你。這些，全都是自戀型高衝突人格者的特徵。

自戀型人格障礙（NPD），是五種高衝突人格裡最常見的。根據二〇〇八年美國健康研究中心的一份報告，在一般人口中，有超過百分之六的人有這種障礙[1]，也就是說，在北美就有超過兩千兩百萬人。由我三十多年來接觸過的數百件高衝突人格者案例，再加上研討會中數千位專業人士的反饋，我估計這種人格障礙者中有大約一半，都是一心怪罪他人的自戀型高衝突人格者。

另外，美國健康研究中心還發現，自戀型人格障礙患者裡，有百分之三十七也同時有我們下一章要討論的邊緣型人格障礙[2]，約有百分之十二也具有第六章會解釋的反社會人格障礙[3]。這些人格障礙混合在一起，容易加劇他們的高衝突行為。

這項研究發現，百分之六十二自戀型人格障礙患者是男性，百分之三十八是女性[4]，因此是有性別差異的，但並非絕對。

和其他高衝突人格一樣，自戀型的行為從溫和到嚴重，程度範圍很廣。許多低衝突型的自戀者不會試圖毀掉你的生活，他們最多因為自私又傲慢，所以比較難相處。不過，高衝突型的自戀者會攻擊你的要害，然後以自己的重要性為藉口，來合理化他對你造成的傷害。他們也可能對自己造成的傷害毫無所覺。

關於自戀型人格障礙

根據第五版《精神疾病診斷與統計手冊》的標準，所謂人格障礙必須有「重大的社交能力失調和（或）內在痛苦」。[5]必須具有九種特徵中的至少五項，才符合自戀型人格障礙。其中特別有三種重要的特徵，是高衝突人格者也有的表現：

1. 自認為非常優秀，尤其與周圍的人相對比。
2. 覺得自己有資格得到特別待遇，因此一般規則不適用在他身上。

3. 缺乏同理心，因此對待他人非常無禮和極盡侮辱，而且經常是在公開場合。

你可以想像，和擁有這些特質的人近距離相處有多麼困難，因為他們總是用貶低別人的方式來抬高自己，造成永無止盡的高衝突狀況。

自戀型高衝突人格者不會和旁人建立真正的關係，他們會利用關係來獲取自身的利益。他們非常擅於誘惑：無論是對伴侶、同事、商業投資人，或在政治、造勢活動場合上面對一般大眾。要等到很久之後，人們才會醒悟，發現這些高衝突人格者其實沒有真正的才華，他們不願意努力（尤其在人際關係上），習慣將一切都怪罪給別人，而且只要有更好的機會出現，就能毫不在乎地把你拋下。

因為優越感和自以為擁有特權，自戀型高衝突人格者可以理所當然地毀掉你的事業、婚姻、工作和生命——只要這樣做有助於他們體面風光或規避罪責。同時，他們還會指責你不該因為他們的破壞行為生氣。

自戀者在做這些事情時，通常是無意識的。自戀型人格障礙通常從很小就開始，往往（但並非絕對）肇因於受虐的經驗或被過分溺愛的童年。

還有一點必須瞭解的是，自戀者的操縱行為從來不是針對你，你只是一個容易到手或剛好出現的目標。事實上，即使你們一起生活、工作，或者是他的鄰居和朋友，許多自戀者根本沒有真正注意到你的存在過，因為他們太自私了。他們過去傷害過很多人，而且未來還會用同樣的方法對待幾十個人，甚至好幾百人。當有更好、更重要或更方便利用的目標出現，自戀者就可能突然對你視若無睹，改而追逐新的目標。

另一個重點是，你必須學會分辨自戀型人格障礙者和那些真正具有才華和天賦的成功人士。自戀型高衝突人格者的特點是，**會過分膨脹**自己的成就和天賦，並且抗拒改變，通常會導致他們去傷害周遭的人。從心理學的角度來說，這是所謂的**病態型自戀**，而其中最具破壞性的就屬**惡性自戀型人格障礙**。

我們必須拿這些特點來和許多具備自戀特質的成功人士做比對——政治家、企業家、藝術家、醫生、律師、音樂家、大廚、作家等等。他們具有的通常是所謂的**健康型自戀**，因為這項特質可以幫助他們遇到旁人設下的障礙或排斥時，仍然相信自己。只要適度，這種形態的自戀是有益且健康的。

不過別忘了，根據第五版《精神疾病診斷與統計手冊》，「所有」人格障礙者共同具有的一種特質是，有重大且持久的缺陷或失調。當有人表現出這些負面行為類型的警訊時，就不是健康型的自戀。

自戀型高衝突人格者的兩種表現風格

許多心理學家會將非健康型自戀者分成兩大類：脆弱型自戀和浮誇型自戀。其中的分別在於，高衝突人格者的弱點暴露——也就是所謂的自戀心態受挫（narcissistic injury）——時（例如被人識破他的謊言）的反應。

脆弱型自戀者可能會立即表現出憤怒，對暴露他缺點的人做出言語或肢體上的攻擊。相反地，浮誇型自戀者表面上可能看不出在生氣，但之後會進行報復——像是散播謠言、破壞對方的工作和名譽、控告對方，或者在無法傷害對方時，就轉而毀壞他的所有物。

這就是為什麼我說，絕對要避免公開羞辱自戀者——即使是他們先公開羞辱你也不行。他們或許當下不會有反應，但可能會在日後精心策劃一場極具傷害性的報復行動來回應你，將你當成新的怪罪目標。

接下來讓我們看看幾個真實世界中的自戀型高衝突人格者的範例。

知名運動員

雖然知名自行車手藍斯．阿姆斯壯（Lance Armstrong）並沒有進行確診，但許多媒體人士都說他應該有自戀型人格障礙。[6] 心理學家，也是《你身邊的自戀者》（The Narcissist You Know）一書的作者喬瑟夫．柏格博士（Joseph Burgo, PhD），曾在部落格中寫道：

看到昨晚他回答歐普拉的提問，再回顧他過去發表否認聲明和勝利感言的影片，阿姆斯壯與自戀防衛機制奮戰的跡象顯得格外明顯。他明顯活在一個由大量贏家和輸家所構成的世界裡，他全部的生命都投注於努力證明自己是個意氣風發的勝利者，而不是可鄙的輸家，這正是自戀者內心的一個動力來源。[7]

就在歐普拉專訪他的隔天，ABC新聞台的記者伊莉莎白．瓦格斯（Elizabeth Vargas）解釋說，藍斯．阿姆斯壯「承認自己毀了許多說出他使用禁藥真相的人」。瓦格斯訪問了與阿姆斯壯熟識的前隊友法蘭克．安卓的妻子貝西，據她表示：「藍斯會直接攻擊那個人，而不是那人所說的話。」[8]

另外一個例子則出現在紀錄片《阿姆斯壯的謊言》（The Armstrong Lie）裡。其中有一幕是二〇〇九年二月的畫面，阿姆斯壯正在新聞節目上接受訪問（和批評），他沒有回應主持人的批評內容，反而說：「你敢說出這樣的話，根本就不配坐在這張椅子上。」[9]

從這個範例中，你可以看出阿姆斯壯正藉由貶低他人來抬高自己，而且做得毫不隱晦。他徹底地蔑視怪罪目標，公開宣稱他們不配坐在那裡。他攻擊訪問者，奮力想保衛他利用欺騙來保有優越能力的謊言，並且在過程中威脅對方的名譽。

電視節目主持人

還記得本書一開始珍恩和傑森的故事嗎？這故事是由真實事件改寫成的。從第一章的描述中，你是否覺得傑森有自戀的特徵，而且還是個高衝突人格者呢？

傑森非常有魅力。他們針對現今的趨勢和電視是否有未來進行了一番深入的討論，珍恩對這一行的專業知識似乎讓傑森印象深刻，很期待他能助她一臂之力找到相關的工作。談話結束之際，傑森誇讚珍恩美麗，並用力地抱了她一下，當天稍晚她就收到他傳來的簡訊，提議在下班後一起喝一杯。

珍恩很猶豫，不知該不該去，傑森輕佻的態度讓人感到不安。但考慮一會後，珍恩還是回覆了簡訊，表示可以像普通朋友一樣碰個面，同時也提到希望他能幫忙找工作的事。

傑森回簡訊說他沒興趣和她發展私人情誼，而且更不想被她利用，當做謀職的工具。

這段簡短的互動中，是否有自戀型高衝突人格的警訊呢？傲慢？自以為有特權？強烈的情緒？極端的行為？有任何線索可以看出三年後，珍恩將發現傑森被電視台開除，並且因為性侵六名女同事而被捕入獄嗎？

其中的確有警訊，百分之九十的人都不會在剛碰面，短短的對談之後就「用力抱」她；百分之九十的人也不會在先主動邀請朋友聚會，卻因為對方提出協助找工作的要求，就憤怒到取消約會。

雖然換成在別的狀況下，這樣子的警訊可能不算太明顯，甚至看起來很無害，但都算是某種線索，提醒你在全然信任某人之前，先緩一下腳步。幸運的是，珍恩反應迅速，立刻提起可能需要他幫忙找工作。這有點像是「設下界線」，表達她只有興趣發展工作上的關係，而非肉體關係。由於信任自己出於直覺的人格覺察，珍恩很可能避開了一次危險的情況。

恐怖份子首腦

狂熱的領導人物通常都有極嚴重的自戀型人格障礙。FBI探員喬・納瓦羅（Joe Navarro）在他的著作《獵捕恐怖份子》（Hunting Terrorists: A Look at the Psychopathology of Terror）中解釋了，為何賓拉登和海珊都符合高衝突人格者的特質。

> 無論事情曾經多麼順利……一旦稍微出點差錯，他們的忠誠就會立刻轉變，或者馬上貶低對方……從許多恐怖份子身上都可以發現這種突然、不可逆的轉變……至於恐怖份子的首腦，我們最常觀察到的特質或許就是自戀。[10]

這一點正符合自戀型人格障礙缺乏同理心的重要特徵。對這種「領導人物」來說，重要的只有自身的權力多偉大，以及自己在世界和歷史上的地位有多重要。數以千計為他犧牲死亡的追隨者，對他來說一點意義都沒有。這類領袖只要身邊的伙伴獲得成功或受歡迎，讓他稍微感到受威脅，便會除之而後快。

這也解釋了，為何這些自戀型恐怖份子首腦的追隨者，本身通常不是自戀的人。他們常常因為追隨了缺乏同理心、完全不在乎他們的領袖，而毀掉自己的生命。舉例來說，在一段賓拉登的公開影片中，他在得知九一一攻擊紐約世貿大樓的行動成功後，先是露出笑容，然後以介於漠視和不屑的口吻說：「許多年輕劫機者根本不知道自己任務的完整內容。」

辨識自戀型高衝突人格者

許多自戀者都是自視甚高的吹牛大王，讓人很難不注意到他的自我評價言過其實。但也有許多自戀者會自我克制，用迷人的外在來隱藏自我中心的行為，你要等到好幾個星期或幾個月，甚至一年後，才會發現他的真面目。

一些高知名度或高能見度的職業，像是醫生、法律人、大學教員、演員、政治人物等等，因為備受尊重，所以對自戀者來說特別有吸引力。他們也喜歡一些輔助他人的職業，像是護理師、社工、心理學家或牧師，因為這些工作可以提供私密的接觸機會，便於操控那些脆弱的客戶。如果你正好是業界中的人資，或是單純想找能幫助自己的執業人員，請務必謹慎評估，剔除自戀型高衝突人格者。

你在第二章中學到的WEB法則，會是最實用的辨識工具。W、E、B分別代表了此人的言語、你自身的情緒和此人的行為。

言語：除了高衝突的四個特徵（「全有或全無」的思考方式、強烈或不受控制的情緒、極端的行為或威脅、責怪他人的執念）之外，還要仔細分辨是否有非健康型自戀的言語：傲慢、缺乏同理心、藐視他人；輕視、貶低或侮辱他人的話；將人分為贏家和輸家的論點；透露出優越感或自以為有資格享有額外好處的言論。

情緒：一如《求生之書》中說的，當某人的行為有問題時，直覺常常會馬上提醒你要小心。請留意當他出現，或當你想到他時，第一直覺是什麼？你害怕嗎？覺得無法呼吸？自戀者可是出了名的「一人吸光整個房間的氧氣」（譯註：原文為suck the air out of the room，用來形容自戀者愛搶鋒頭，讓其他人難以招架）。你是否會懷疑自己的智能、能力或自我價值？在他身邊待上一陣子後，是否會感到無助或人生黯淡無望？

同時你還要問自己：我是否對他有不理性的敬畏？完全無法抵抗？是否特別崇拜他？我是不是認為他特別優秀？

最後你還要再問：身邊的其他人是否擔心我對他的仰慕已經走火入魔？當其他人進行批評時，我會生氣嗎？或者覺得要替他辯護呢？在向其他人稱讚這人時，我會感覺不好意思嗎？

行為：這個人會挑釁他人，然後以自身的優越性來合理化這樣的行為嗎？（「你不知道我是誰嗎？」）他是否覺得自己有資格漠視一般的常規？他會公開且帶著惡意地侮辱他人嗎？他是否不在乎（或沒注意到）其他人的感受？對其他人缺乏同理心嗎？

你還可以應用百分之九十原則，來辨識自戀型高衝突人格者，你可以回想本章中的一些範例，自問身邊百分之九十的人會這樣做嗎？

- 在受到真誠、合理的批評時，回嗆對方：「你不配坐在這張椅子上。」
- 在得知數千人（其中包括剛為他完成重要任務的人）死亡的消息時，反應是大笑。
- 只因為對方說出他的真面目，就惡意摧毀他人的生活，然後還公開承認。
- 對第一次碰面的人提出約會邀請，卻在對方提出幫忙的請求時，粗魯地回應並取消約會。

我也建議你和其他認識這個人的人談一談，告訴他們你有點疑慮，但不確定是真的察覺到什麼跡象，或只是想像力作祟。大部分人都會願意誠實回應。

如果有人在回應你的時候，激動地宣稱這個人有多了不起、多棒、多特別；或是長篇大論地指責全世界都在欺負這個人，他是個受害者——這些反應就透漏了很多訊息。你問起的這個人很可能就是自戀型高衝突人格者，而你所詢問的對象大概是受到他操縱的人。

避開自戀型高衝突人格者

在開始任何一段新關係時，一定要謹慎並且放慢步調。事前避免和自戀型高衝突人格者建立關係，或者在一開始便限制住關係的發展，絕對比日後才想擺脫對方要容易得多。

這個忠告當然在一般狀況下也適用，但如果你已經觀察到任何警訊，這項建議就顯得格外重要。不要天真地和他們發展關係，或自以為可以改變他們的個性，絕對不可能，想都別想！

那些待在自戀型高衝突人格者身邊的人，在關係早期多半有個共同的問題：因為初次見面時過於驚艷，因此會「過度迎合」自戀型高衝突人格者。但日後這些人會心生怨懟，因為他們的迎合得不到任何回報，就會忍不住用負面的反應來攻擊自戀型高衝突人格者。因此，當你懷疑自己面對的可能是自戀型高衝突人格者時，一開始就要避免過度迎合。請壓抑住迎合的衝動，因為如果之後懷疑成真，要抽身會容易得多。

以下是一些額外的訣竅：

1. 詢問個人問題：對你懷疑的人提出有關生活、家人、工作、興趣的問題，看能否引出有用的訊息——例如他認識哪些人，讓你有機會進行調查。不過，從他對於這些問題的「反應」，通常也能看出許多端倪。如果他很不尋常地產生猶豫、自我防衛或感到憤怒，那麼警訊就十分明顯了。

2. 多給自己一點時間，由不同的角度蒐集對他的觀察：如果你們正在交往，你在做出任何重大承諾前（像是結婚或生小孩），請先花一年時間去認識、觀察這個人。有時同居可以幫助你發現他在較私密的空間裡是什麼樣子，然後再決定雙方是否要有更進一步的發展。不過有時候，光只是同居就可能造成許多麻煩，像是共同承租一間房子後分手了，或者和其他室友和鄰居決裂等等。

如果你是公司裡的面試官，可以嘗試拉長新聘人員的試用期，或者安排信賴的人參與招聘程序，詢問他們對應試者的看法。除此之外，不管是選擇室友、雇主，只要牽涉到任何可能的長遠關係，一開始都應該小心為上。

應付自戀型高衝突人格者

如果你確定面對的是自戀型高衝突人格者的話，不要去證明他的錯誤（就算錯誤再明顯也不行），或指出他的謊言和欺騙（就算漏洞再大也不行），或者用貶損的話來回應他（就算他活該，或者才剛剛侮辱你）。相反地，你要保持冷靜、不做出反應，然後儘快從對話中抽身。

你可以應用第二章中提過的CARS法則，去化解和自戀型高衝突人格者的衝突。

連結：首先，先用同理心、關心和尊重的話語與他產生連結，這樣通常能平息大部分的衝突。但如果這個人大發雷霆、採取暴力或其他危險舉動，就不要使用這個方法，此時的當務之急是先逃離現場，保護好你自己！

後面這段話示範了如何用同理心（Empathy）、關心（Attention）和尊重（Respect）的話與他產生連結，這就是第二章中提到的四個步驟中的第一步，所謂的「EAR 陳述法」。

「我看得出來這個狀況很讓人挫折（同理心）。告訴我詳細情況，我想知道以你的觀點來看發生了什麼（關心）。我尊重你為了解決這個問題所付出的努力（尊重）。」

在對付自戀型高衝突人格者的時候，強調尊重會獲得很好的效果，將「尊重」、「敬佩」這幾個字眼直接放進句子裡，幫助非常大。

「我尊重你對我們團體的奉獻。」

「我真的非常敬佩你上星期的報告，非常傑出。」

「我很尊重你和我兒子的關係，我想幫助你和他多多相處。」

當然，你的話必須真實，不能只是為了取悅自戀型高衝突人格者而誇大其詞。

如果你不誠實，被他抓到的話只會更加憤恨，而且如果你已經開始設法遠離他的話，日後他可能會拿這些話來要求你履行承諾。

許多人會過度討好自戀者，但其實只要用EAR陳述法就夠了。「同理心」和「關心」的部分可以簡短帶過，但一定要不斷強調「尊重」。因為過度強調「同理心」和「關心」，反而會讓你陷入自戀型高衝突人格者的操縱，他會誤以為你為了讓他好過，什麼事都願意做。這樣一來，每當他自私的行徑和高高在上的態度未能如願，導致慣性的焦慮不安發作時，就會跑來找你尋求關注。

分析：和他聊聊其他可能的選項，所有的可能性都可以納入，這樣可以讓他感覺更有權力和受尊重。舉例來說，現在有個自戀型高衝突人格者來訪或打電話給你，尋求關注。你可以這樣回應：「我是可以現在幫你，但只有五分鐘的空檔。如果我們安排一下，下星期我可以花一個小時陪你解決這件事，看你決定怎麼做都行。」

這個方法可以幫助你將他的要求轉化成選擇，能限制他擾亂你的時間安排，同時還能讓他感覺受到尊重和體貼。

回應：如果自戀型高衝突人格者做出不實陳述，或對你顯露出敵意，你只需要用準確的資訊告訴他事實，然後就結束對話，例如：「喔，你可能還不清楚，那個問題昨天就已經解決了。」

這就是我所謂的BIFF回應法：簡短（brief，只用一句或一段話），提供訊息（informative，只要直接的訊息，不要防衛），友善（friendly，保持語氣沒有敵對性），堅定（firm，表示就此結束有可能帶敵意的討論）。

這對五種高衝突人格者來說都特別有效，因為能讓他們感覺自己很尊貴，而責難式的回應只會讓他們感覺被侮辱和不受尊重。這招特別適用於書面回應。

設下界線：如果你已經和自戀型高衝突人格者有所牽扯，請小心對他設下界線，而且要不斷將他規範在界線之外，這樣「或許」有機會應付得了他。

自戀型的人相信自己比其他人優秀，很難接受別人對他說「不」，也不相信任何規則或界線，經常把口頭上的拒絕當耳邊風。這就是為什麼你不能只口頭上說不，還要用堅定的界線來做為後盾，說清楚侵犯界線的後果。

你需要設定界線的範圍可能包括：你們討論的話題、共處的時間、你願意或不願意為他完成的任務等等。實際上，我們對所有人都是如此，但沒有高衝突人格的人能直覺地瞭解彼此的界線，正常狀況下都不會越界。

自戀型的人可能會極端固執，企圖在任何事上都為所欲為，你對此要有心理準備。記得要對他們澄清，界線不是針對他們而設的，不妨說明是工作、老闆和外在環境所需，讓你有必要設定界線並且堅守。

你有權力對任何人設定界線，但別期待自戀型高衝突人格者會舉雙手贊同。他有可能讓你設下的界線造成負面後果，然後推卸說都是你的錯。（「我跟你助理講過有問題要問你，但你一直在開什麼鬼會，所以我就告訴董事長你覺得他是個混蛋。」）所以請試著預先考慮好這些可能的問題，並且就事論事地提前告知。（「我準備去開會，如果你有任何問題，可以寄電子郵件，我會儘快回覆，你也可以留言給我的助理。」）

如果你沒有設下界線，自戀型高衝突人格者就會掌控你的生活，最終讓你成為他的怪罪目標。但如果你設好了界線，他有可能會開除你、拒絕與你共事，或者留一堆語音訊息和簡訊騷擾你，這就是為什麼，打從一開始就辨識出並且避開他們，才是最要緊的。

如果你沒辦法避開這個人，那就在他因為某件事生氣時，花一點時間安撫他的自尊。（「很感謝你花時間瞭解我的行程。我已經盡最大可能早點回覆你了，我知道你的時間很寶貴。」）

快速回覆或許可以避免情況惡化，也不會讓他為了抱怨你，而把其他人牽扯進來，同時你也可以要求受到尊重。（「我今天必須專心，盡量不能受到干擾，很感謝你尊重我的需求。」）

不過，面對一個自戀型高衝突人格者，被他們開除、避不見面或許才是最好的狀況。只要留在這段關係中，無論如何努力處理和設下界線，你可能還是免不了筋疲力竭。所以最好的辦法通常是迅速結束關係，然後大步離開。

但要怎麼做才能冒最小的風險達成目標？

擺脫自戀型高衝突人格者

如果你想限制、減少或終結與自戀型高衝突人格者的關係，千萬要有縝密的計畫，並且非常小心。他們很可能將你做的任何事都當成侮辱或威脅，以下是一些實用的訣竅：

- 絕不要告訴自戀型高衝突人格者，你因為他們的行事為人而打算離開，不管他的言行有多惡劣你都不可以提。千萬不要明說或暗示你會離開都是他的錯，如果你說了，保證成為他的下一個怪罪目標。
- 也不要怪罪或批評自己（像是「現在的我沒辦法處理一段新的關係」），這只會強化自戀型高衝突人格者的信念，認為你就是比他低一等，一切都是你的問題。
- 強調你正在改變生活方式、興趣或目標，譬如說：「我不像以前一樣喜歡時髦的酒吧了」或者「我想多花點時間在家人身上，想減少和同事的社交時間」。
- 不要說出聽起來像是拒絕他們的話，因為在被拒絕後伺機報復，是許多自戀型高衝突人格者最常見的特徵。

●最重要的，不要把你的離開搞得像什麼大事，只要實事求是地說明就好。如果自戀型高衝突人格者察覺到你的焦慮，或發現你在解釋時投入太多感情，就很可能把你當成怪罪目標。沒辦法，他們就是這樣的人。

●對他們表達單純的敬意，使用「尊敬」、「有天份」或「成功」之類的字眼，例如：「我還是會支持你，而且希望你變得比現在還成功。」

●自戀型高衝突人格者有可能會質疑你，要求你證明自己的觀點，或者告訴你離開是錯誤的選擇。但你不需要證明任何事，或和他爭辯立場，只要單純地說那是你的看法或觀點就行了，例如：「嗯，這是我的感覺和現在想做的事。當然啦，我還是會支持你，而且希望你變得比現在還成功。」

●不要太突兀，例如：不要發短短兩句話的簡訊或電子郵件後，就突然離開，但也不要把過程拖上好幾天甚至好幾個星期。通常一次為時幾分鐘的對話應該就可以了。

●如果情況變得危險（或你覺得可能有風險），請找心理醫生諮商一下。將自戀型高衝突人格者的狀況告訴他，尋求一專業的指引。

最後提醒

一旦你察覺某人是自戀型高衝突人格者，不管在任何狀況下，都千萬不要批評他們，無論他們多可怕、多侮辱人，都別這麼做。

高衝突型的自戀者即使面對最微不足道的批評，也有可能將你當做長年的怪罪目標，他們就是沒辦法接受批評，

雖然你可能會覺得「保持委婉」像在巴結奉承，或只是單方面在應對這段關係，但不妨把這當做是有智慧或策略性的手段吧。以負面的回應去攻擊自戀型高衝突人格者，只能讓你一時感覺良好而已，但之後可能得承受長達數個月甚至數年的可怕後遺症。

有時適度的讚美和感謝，可以讓一個憤怒的自戀型高衝突人格者放慢、甚至停下腳步，但你的讚美一定要是確有其事。（「哇，這傢俱是你自己挑的嗎？還是有請室內設計師？」）否則的話，他們可能會起疑，然後更狠毒地怪罪、攻擊你。

具備了這章的人格覺察工具，你應該就可以及早偵測出自戀型高衝突人格者，

然後加以避開，或者用更有自信的方法去應對。如果你真的讓他們進入生活中，那麼恐怕得睜大眼睛認清現實，以及接下來該如何處理他們高衝突的傾向了。

第五章

「愛你又恨你」類型

你可能認識有些人感覺特別有魅力、友善而且理性，但是下一秒突然開始大吼大叫，無所不用其極地怪罪、攻擊你（言語、肢體、財務、名譽等各方面。）他們從愛轉恨的速度快得嚇人。「我做了什麼？我要怎麼逃離這個狀況？」你可能會這樣問自己，這表示你所面對的，很可能是邊緣型高衝突人格者。

邊緣型人格障礙，幾乎和自戀型人格障礙一樣常見。根據二〇〇八年美國健康研究中心的報告，在一般人口中，有將近百分之六的人有邊緣型人格障礙。邊緣型人格障礙約為百分之五點九[1]，而自戀型人格障礙則是百分之六點二，換算下來在北美約有兩千萬人口。

根據我從精神病院、門診和法律紛爭案例中的觀察，我估計那些邊緣型人格障礙患者中大約有一半以上是高衝突人格者。他們在關係一開始時，就將重心過分聚焦在對方身上，等關係破裂後（通常發生在幾個星期或幾個月），執念又會更加強烈。無論在戀愛、家人、同事的關係上都是如此。

不過，並非所有具有邊緣型人格障礙的人都是高衝突人格者。有些人會將問題歸咎於整個世界，他們不懂為何「事情」不隨心所願，而「人」似乎總是不可靠，永遠不會留在自己身邊。他們許多人會試圖自殺，也有些會自殘，以掌握對自己情緒的控制權。但邊緣型的高衝突人格者則會有特定的怪罪目標，而且會固著在目標身上幾個月或幾年的時間，施以情感騷擾、法律訴訟或長期的身體暴力。

研究報告顯示，那些邊緣型人格障礙患者有百分之五十三是女性，百分之四十七是男性[2]，可看出有些微的性別差異，但並不明顯。

對第四版《精神疾病診斷與統計手冊》較熟悉的心理專業人士，可能對這結果感到有點驚訝，因為根據他們過去所學，邊緣型人格障礙的患者主要都是女性。但根據美國健康研究中心較大範圍的研究報告（已收錄進第五版《精神疾病診斷與統計手冊》），過去的結論並不正確。

有部分邊緣型高衝突人格者會執著在報復和自我辯解上，最後往往會上法庭控告他們所宣稱的施虐者（事實上是怪罪目標）「拋棄」。其中有些的確是特定施虐行為的受害者，真的需要被保護，但有不少是以受害者的身分自居，就只為了一些微不足道或全然虛構不實的行為，試圖懲罰前任情人、雇主和朋友。

關於邊緣型人格障礙

根據第五版《精神疾病診斷與統計手冊》，具備九項特定的邊緣型人格特徵中至少五項，才能稱為邊緣型人格障礙。下面三個主要的特徵，可能讓他們出現高衝突行為，或是可被確定為高衝突人格者：

1. 害怕被拋棄，持續性地依附和尋求安慰。
2. 大幅度的情緒擺盪，在友善和暴怒之間快速轉變。
3. 將人視為全善或全惡。

害怕被拋棄是這類人格障礙的最基本特徵，因此會出現依附的情況。他們會緊緊抓住伴侶（常常威脅要離婚，但很少是認真的）、關係緊密的專業人士（不斷打電話給醫生、治療師、牧師、律師）、親近的朋友（可能只在工作場合中剛認識）和家人（很少會真正放下依賴和怨恨）。這就是為什麼，你在剛認識他們的前幾個星期或幾個月，可能只會看到友善的一面。他們無法真正感受到平靜，總是不停要求更多，因此無可避免地會將最親近的人全都逼走。他們在一段親近的人際關係中，會先將高衝突人格的一面隱藏起來，但通常無法維持超過九到十二個月。

如果他們「自認」被你拋下——實際上並沒有，或者你只是忘了買什麼東西——他們就會勃然大怒，散播關於你的謠言、有肢體上的暴力（最糟的狀況是，在盛怒下殺了你，但隨即後悔不已）、提出控告（通常用在對付與他們關係緊密的專業人士），或者報警汙衊你犯下子虛烏有的可怕罪行（性侵兒童、性侵成人或恐怖行動）。由於調查人員為求謹慎還是會上門調查，你最好盡全力配合，才不會遭到誤會真的犯下那些罪行。

邊緣型高衝突人格者會試圖說服其他人來對抗你，其他朋友和同伴可能會避開你，因為他們看到衝突型人格者瘋狂的樣子後，會不想被牽扯進來。

邊緣型高衝突人格者的兩種表現風格

《邊緣型人格障礙的必要家庭指南》[3]（The Essential Family Guide to Borderline Personality Disorder）一書的作者蘭蒂．克雷格（Randi Kreger）強調，邊緣型人格障礙患者還分成「非傳統型」和「傳統型」。

「非傳統型」的邊緣人格者可能很成功，在工作上或社群中受到敬重，但在親近關係中卻遭遇很大的困難。在一般的同事、鄰居或工作伙伴面前，他們情緒擺盪的狀況可能可以隱藏很多年不被發現。但與他們有親密關係、往來頻繁的人，像是情侶、直接下屬或生意夥伴，就可能常看見他們因為雞毛蒜皮的小事或子虛無有的冒犯大發雷霆。

太多「非傳統型」邊緣型人格者的高衝突行為都是出現在私底下，因此我在本章中使用的是虛構範例，就讓我們來看看梅莉．史翠普在二〇〇六年的電影《穿著Prada的惡魔》中飾演的角色米蘭達。她是權高權重的時尚雜誌主編，不斷折磨新進的私人助理小安（安．海瑟威飾演）。米蘭達就有經常性的情緒擺盪，一下子是小安魅力十足的心靈導師，一下子又暴怒嚴詞批評。她給出不少特殊任務和機會，但又時常威脅小安要是沒做好一些小事就要開除她，米蘭達情緒快速擺盪的狀況就正符合這種類型的人格障礙。

小安所表現的，正好是怪罪對象常有的行為：努力想取悅米蘭達，這完全正中她的圈套。米蘭達經常將員工「分」成好員工和壞員工，前一分鐘才施點小惠，下一分鐘卻在背後捅人一刀。最終小安辭掉工作，完全離開時尚業，她原本計畫要待一年，卻已經迫不及待想逃離。這雖然是電影，但這類「非傳統」邊緣型的高衝突行為在各行各業裡屢見不鮮。

相反地，「傳統型」的邊緣型人格障礙者，通常會因為自身的疾病而明顯展現出異常，甚至會因為情緒擺盪和分裂而無法工作，而且較常出現自我毀滅的行為。這群人中，自殺未遂和自殺身亡的狀況較為常見，用刀片、小刀或筆割手腕、大腿是經常出現的症狀，也較常住進精神病院或接受其他心理治療。整體而言，「傳統型」邊緣型高衝突人格者比較會利用自殺做為威脅，來阻止親友放棄與他們的關係，有時可能真的會實際執行。

「傳統型」邊緣型高衝突人格者會將問題歸咎於旁人，他們的怪罪目標常被困在反覆的矛盾心態裡：試著想幫助這個他們曾經在乎的人，在他失調的行為反覆出現或日趨嚴重時，又想逃得越遠越好。陷在這種關係裡的人，經常會尋求專業諮詢，協助他們應對或逃離。

辨識邊緣型高衝突人格者

有部分邊緣型高衝突人格者從一開始就表現得非常強烈：憤怒、強烈的恐懼、苛求，完全罔顧你們才剛認識的事實，情緒強烈到不合理。但大多數的邊緣型高衝突人格者起初十分友善、迷人、充滿活力、可愛，甚至是很有吸引力的。有時，他們會對某個人特別憤怒，而且往往有一段被迫害的悲傷往事，他們可能希望你幫忙報復或懲罰那個人，或表現出脆弱、可憐的樣子，將你拉到他的陣營。他們甚至會在剛成為朋友不久，就要求你照顧他，通常會聲稱受到某些你不曾謀面的人（像是老闆、前情人、家人、老朋友）迫害，迫切需要保護。這些故事有可能是真的，也有可能真假參半，甚或完全是揑造。無論真相如何，都不應該讓他們以「需要支持和保護」為由掌控你的生活。

邊緣型高衝突人格者希望親近你的速度，會快到讓你嚇一跳，他們缺乏正常的界線概念，完全不管彼此可能只是普通朋友和同事。即使你會感到不舒服，他還是會期望你一起對抗別人。你一開始可能會忽略不舒服的感覺，因為這個人似乎是好人，只是要求朋友間的忠誠，你沒做到會有罪惡感；又或者你被他的故事打動，感到同情。往往就是這種迅速發展的私密情誼，讓他們在投入這段關係時有非常強烈的情緒——結束時也同樣強烈。

這就是為什麼你在對某人做出重大承諾前，像是結婚、成為事業夥伴、進行長期投資，一定要先等上一年。如果你懷疑正在面對邊緣型高衝突人格者，請先用WEB法則進行觀察。

言語：和對待所有高衝突人格者一樣，留意帶有「全有或全無」特質的言詞。「大家總是拋棄我」或「大家總是佔我便宜，但現在我要捍衛自己，反擊回去」這種煽動性十足的話，是許多高衝突人格者最愛用的。他們用對自己有利的說詞，想把你拉到同一陣線，你會相信在經歷長期的凌虐迫害後，他們終於堅強起來了。日後才會發現，他們一直都很堅強，而且可能才是欺凌別人的人，他們只是「自認為」受害者罷了。我在當律師和治療師的時候，也曾經好幾次因為邊緣型高衝突人格者這樣的言論而上鉤。

對其他人帶有強烈的憤怒和恐懼，也是邊緣型高衝突人格者常提起的言語線索，這是其情緒不受控制的事例。要小心他們提起其他人時所說的話，哪天他可能用一模一樣的話來對付你。他們習慣將人理想化，再重重貶低對方，如果他們說覺得你在某件事上超級優秀，你千萬不要強化這樣的想法，反而要強調自己很平凡。然後你就該考慮拉開雙方的距離，不要再靠近了。

情緒：邊緣型高衝突人格者常會在關注的人身上，引發許多強烈的情緒。一開始，這些強烈的情緒是正面的，對於有朋友、員工、主管或情人如此強烈地喜歡你，你可能會覺得很興奮開心。但別忘了，就和自戀型高衝突人格者一樣，這些極端的魅力、關心、愛和情感，可能都是潛在麻煩的警訊。

你要如何分辨這到底是普通的友愛之情，還是碰上邊緣型高衝突人格者呢？我會建議放慢腳步，花點時間偶爾遠離這個人，同時觀察這個人在對你生氣時會發生什麼狀況？通常不需要太大的衝突，就能發現他們變得多麼負面。

在愛情關係中，請在做出重大承諾前先觀察一年的時間。你通常可以在十二個月內，分辨出長遠的愛，以及邊緣性人格強烈但短暫的迷戀。

同時你也要自問，是否拒絕相信一開始看見的負面行為？人們常常很難接受負面行為，因為邊緣型高衝突人格者曾在他們心中激發強烈的正面情緒，無論他是伴侶、員工、老闆或是朋友。這種拒絕的心理，是警覺邊緣型高衝突人格者就在眼前的最常見障礙。舉例來說，向你大吼大叫、偷拿你的信用卡、破壞你重要的東西或甚至毆打你，這些都和與這人親近後，所產生的美好幻覺不相符。不管身處任何關係中，你都必須不時停下腳步，用新的視角去審視思考，尤其當你懷疑對方是邊緣型高衝突人格者的時候。

以下是與邊緣型高衝突人格者有所牽扯時，常有的感覺：

- 太強烈了。
- 進展太快了。
- 感覺界線沒受到尊重：包括大部分人視為必要的分際，以及你已經公開表示自己需要的界線之後。
- 對方對於「忠誠」有令你不舒服的期待，像是：他與別人爭論時，希望你永遠和他同一陣線；要求你別再和他不喜歡的朋友、家人來往等等。

最後，再參考其他人的想法。找你信賴的人尋求誠實的答案：我的鄰居真的很不負責任或很危險嗎？新員工是不是有可能在佔我便宜？老闆到底是個大混蛋，還是只是今天心情不好？我想在最近這段新戀情中先放慢腳步，這麼做有問題嗎？

行為：多年前，有位朋友向我描述她和一位喜歡的男士第二次約會的情況。他們邊散步邊討論事情，突然間他對她說的某段話有負面反應，並且輕輕打了她的屁股一下。她嚇了一跳，問：「這是什麼意思？」他說沒什麼。除此之外，這個男人似乎真的很不錯，對她很有興趣，而且兩人有很多共同點，就只有這個舉動讓她很困擾，覺得自己的界線被侵犯，她想不出其他合理的解釋。

我表示贊同，那的確是一種侵犯界線的舉動。我問她，她所認識的百分之九十的男人是否曾在第二次約會做出那樣的舉動，她知道他們不會，而且在她過去的經驗裡也不曾發生過。我再次贊同，因為即使在處理過的多數家暴案例中，負面身體接觸（暴力行為），也是在幾星期或幾個月後才會出現。我朋友所經歷的那種身體接觸，算是一種早期的警訊，如果百分之九十的男性不會做出那樣的負面行為（再輕微都一樣），日後這個人可能出現高衝突行為。這類看來理所當然的隨意行為，骨子裡可能是一種身體虐待。

畢竟，他立即的回應是說「沒什麼」，而非表達是不小心的或道歉，也沒有尷尬的樣子。他不覺得尷尬，就代表這種行為對他來說是司空見慣的，這可不是好現象，而是明顯的警訊。

湯姆和卡拉

我們之前提到過湯姆和卡拉的狀況，現在我們再仔細檢視一次，這次特別留意使用人格覺察技巧。

他們辦結婚手續時，湯姆驚訝地發現她事實上已經三十五歲。「怎麼會這樣？」他驚呼。「別擔心，」她說：「所有女人都會謊報自己的年紀。」湯姆心想：「喔，這我還真的不懂。反正無論如何，她是很棒的女人！」

言語：這些言語會讓你擔心嗎？像卡拉在兩人決定走入婚姻之後仍謊報年齡，代表任何事情她都可能說謊，而且真相還是湯姆自己發現的！

或許這看起來不怎麼嚴重，但如果再加上她逼迫閃婚的事，就能逐漸看出高衝突人格的警訊了。如果不具備人格覺察技巧，大部分的人是很難看出任何的行為模式，只會看到一個個獨立的事件。但藉由WEB法則，你就知道應該要注意行為模式，也知道尋找的方法。其中一種模式便是，顯示負面極端行為——百分之九十的人絕不會做的——的言語，像是在做出結婚這樣的重大決定時，持續謊報自己的年紀。

結婚後，卡拉一直不斷與人起衝突。每天不停告訴湯姆她的敵人有多壞又多壞：朋友、家人、同事都在同一天裡惹她生氣——但隔天，他們又全變成她最親愛的夥伴；再隔一天，這些人又變成敵人！很快地，她的抱怨開始讓湯姆感到挫折，他只能看著她與那些人言歸於好，和一週前那些她痛恨得要命、還要求他也同仇敵愾的人，相處融洽，相談甚歡。

情緒：湯姆對卡拉的感覺一開始很正面，因此對於婚後逐漸增強的警訊視而不見。她經常性的情緒擺盪漸漸引起湯姆的不快，發現自己對她的感覺不斷在抱歉、憤怒和無助之間遊走。

如果他能夠先觀察一年的話，卡拉的情緒擺盪對他造成的挫折感，以及聽她不斷抱怨所導致的不滿，可能會讓他有警覺。

湯姆被卡拉迷得神魂顛倒。這女孩是派對上的靈魂人物，有種特殊的魔力，總能讓他脫離原有的生活模式。經過一段熱烈的追求後，他們迅速訂婚，並在她的堅持下結婚了——一切全發生在短短的兩個月內！

行為：你看出來了嗎，在兩個月內結婚的壓力？這是令人擔憂的行為，因為他們沒有足夠的時間真正了解彼此的個性和過往歷史。雖然這種狀況並不罕見，但其實風險很高。當然有很多人在閃電結婚後，成功維持了三十、四十、五十年甚至一輩子的婚姻。但我不得不提醒的是，三十到五十年前擁有人格障礙及高衝突人格的人比較少，美國健康研究中心的大型研究也證實了這點，老年族群中這類疾病的比例的確較低。

結論：如果湯姆具備人格覺察的技巧，就能辨識出卡拉的情緒擺盪，和邊緣型人格的典型分裂行為模式——將某些人視為全惡，另外某些人則視為全善。他們認識一年後，卡拉邊緣型高衝突人格的警訊已經開始一一浮現，但此時他已經和她結婚，也有了女兒。

避開邊緣型高衝突人格者

邊緣型高衝突人格者通常很快就會顯露出強烈的情緒，因此很多人能立刻發現，並且避免與他們太過接近。不過，在現今這個時代，展開任何親密的關係時還是謹慎一點比較好。不要迫於壓力去做讓你自己感到不舒服的事，也不要試圖以「過度關心」來平息這些人的焦慮或緊張：像是保證會當他們最親近的朋友，或答應幫他們解決所有的問題等等。（為了安慰邊緣型高衝突人格者，人們常常會說出這些話，然後等到自己耗損到筋疲力竭才離他們而去。）下面的例子，是這種壓力發生在工作場合中的可能狀況。

喬治的故事：麥可進公司時，喬治已經在這裡工作好了幾年。他第一天上班時，喬治邀他共進午餐，表達歡迎之意。麥可提議週末時可以一起去看球賽，而週六當天，麥可又說他們應該在球賽前先一起吃個晚餐。

喬治覺得晚餐和球賽都不錯，但麥可好像有點太熱情了，主動分享很多關於自己的私事，像是離過兩次婚，以及和孩子不斷發生衝突。麥可提議下個週末再一起出來，喬治雖然有點不自在，但又不想傷害他的感情，所以還是同意了。

第二個週末的晚餐和球賽結束後，喬治已經受不了麥可不停抱怨與其他人的衝突事件。因此當麥可提議下個週末再出來時，喬治表示覺得「兩人老是混在一起很不自在」，建議不妨「休息」幾個星期。麥可似乎很失望，但沒多說什麼。

沒想到接下來的一個星期，麥可在公事上處處表現出對喬治的敵意。喬治的一位同事還告訴他，麥可寄了一封電子郵件給其他工作團隊中的成員，信中大肆辱罵喬治是個混蛋，還寫了一些明顯不實的謊話，並且對前兩個週末他們聊天的內容加油添醋一番。

喬治選擇不予理會，直到上司將他和麥可兩人都叫進辦公室。麥可指責喬治，喬治則試著替自己辯護，上司表示希望辦公室中不要再出現任何有關他們兩人「友情」的郵件或公開討論。喬治覺得自己被麥可所說的話羞辱，被拉低到和他一樣的層次。

至於接下來的發展，要依辦公室的狀況而定。在有些案例中，麥可所代表的邊緣型高衝突人格者會辭職；也有些案例是，辦公室中會慢慢醞釀一種瀕臨爆發的氣氛，所有人都小心翼翼。有時候，處在喬治位置的人會尋求親近同事的支持，然後開始能無視麥可散發的壞氛圍，心情獲得不錯的改善。有時候，則是上司分別在與兩人私下談話後，判斷出問題是麥可單方面製造出來的，也知道這種行為是個警訊，於是決定在試用期未滿前讓他離開。

分析：有時候問題的來源只有一個人。遇上高衝突人格者時，經常就是如此，邊緣型高衝突人格者也不例外。但很多人並不知道，該注意和避免哪些行為模式。以喬治為例，如果他了解邊緣型高衝突人格，就能在第二次獲邀共度週末感到不舒服時，避免讓情勢火上加油。

如果他了解邊緣型高衝突人格，拒絕時就能避免使用私人的理由（「兩人老是混在一起感覺很不自在」）。他可以說下個星期有事要忙就好，這是大部分的人都能接受的理由。不管用哪種說法，重點是對待邊緣型高衝突人格者時要避免涉及到私人，因為他們本來就把非私人的事，過於私人化了。

這個例子適用在任何情況，像是鄰居、朋友、約會對象等等。我並不是要你說謊隱瞞不想太快再一起出去的想法，而是要將拒絕的焦點從你與邊緣型高衝突人格者之間的問題，轉移到某個不得已的障礙。邊緣型高衝突人格者（以及大部分高衝突人格者），在自己被公開拒絕時防衛心會變得非常重，因此你在撤退時最好和緩一點，或者一開始就該避免太快和他們牽扯在一起。擴張界線是面對邊緣型高衝突人格者時常遇到的經驗，如果一開始就發生這種狀況的話，就要準備好迅速但謹慎地從關係中抽身。

對付邊緣型高衝突人格者

如果你需要和邊緣型高衝突人格者維持長久的關係，例如家人，那麼請一定要多花精力來處理彼此的關係，以及設定好界線，讓自己不會成為怪罪目標。運用CARS法可以幫助你著手開始。

連結：藉由肢體語言表達同理心，並用言語表達你可以了解他們的挫折感，希望他們一切順利。他們會經常談起和他人的衝突，並且希望得到你的贊同，你可以就事論事地說：「聽起來真的很挫折，不過要不要和對方開戰，記得先慎重考慮，希望你一切能越來越順利。」這可以幫助你不必表態是否贊同，避免涉入紛爭。

分析：你可以幫助他們檢視必須做出的選擇，並且讓他們知道不同做法會造成的後果。（「我知道你現在感覺很挫折，想要對抗那個人。但先讓我們看看你有哪些選擇，不同的選擇又有什麼好處。你用硬碰硬的方式處理，可能讓情況變得更糟。有時候放手會是更好的作法，你可以告訴自己那個人的看法其實不重要。」）

回應：以BIFF回應法，用確實的資訊，迅速而簡短地回應任何錯誤的訊息或敵意。如果有不實電子郵件滿辦公室傳的時候，這個辦法會大有幫助。舉例來說，如果你接到像下面這封憤怒的郵件時：

發信者：梅格

瑪莉亞和安琪拉：要是以為團隊會隱忍你們兩個拖延報告的話，那就大錯特錯了！如果敢拖累到大家的計畫，我們再也不會跟你們說話，而且會想盡一切辦法讓你們丟飯碗。

發信人：瑪莉亞

嗨，梅格：我們收到你的信了，感覺得到你很擔心計畫的期限問題。別擔心，我們這邊雖然有所延遲，但一定會在星期五前完成——絕對會趕在整體計畫的期限之前完成，一定不會有問題的。

你可以看得出來這兩封郵件語氣上的差異。梅格可能向來都滿身是刺，因此信中的語氣也和她的人一樣，這是邊緣型高衝突人格者常有的特徵，因為他們心裡潛藏著被拋棄的恐懼（對於重要報告可能延遲有過度的反應），和「全有或全無」的極端思考方式（「再也不跟你們說話」、「丟飯碗」）。沒錯，報告延遲對工作團隊來說的確是個麻煩，但百分之九十的人不會有這種極端的反應。

設下界線：面對邊緣型高衝突人格者時，無論你們是同事、家人或伴侶，釐清他們對於這段關係的期待會大有幫助。你一定要為底下這幾件事設定清楚的界線：你何時可以談話，何時不行；哪些工作是你願意或不願意為他們做的；在他們與他人發生衝突時（通常會非常頻繁），怎樣的角色是你願意或不願意扮演的。

「堅持」也非常重要的。如果你說過願意做什麼事，就一定要貫徹執行；沒有承諾過的事，就要堅持說不，不能屈服於任何壓力（否則只會導致日後更大的壓力）。

你在與他們接觸時，要保持冷靜平和，不要表現過分親近，或過分疏離。不要讓自己的情緒隨著他們傷心、害怕或憤怒而高漲，即使情緒是衝著你來的也一樣。正確的溝通方式是讓他們依照你的期望進行，而不是隨著他們情緒的雲霄飛車起伏。別忘了這些情緒和行為底下，大都潛藏著被拋棄的恐懼，所以要避免說出要棄他們而去的威脅性語言，或是避開容易被解讀為威脅要離開的字眼，像是：「你怎麼這麼笨」或「你如果再這樣，我就不跟你合作了」。

這些話對百分之九十的人來說，多半可以理解或者沒什麼大不了的，但邊緣型高衝突人格者話裡聽到的，卻是不受支持的強烈威脅（「你怎麼這麼笨」）或拒絕（「不跟你合作了」）。你心裡想的可能是，只要他們改變行為，就可以繼續合作，但他們只會聽到拒絕。如果你準備和邊緣型高衝突人格者停止合作，直接執行即可（請參考下一章），千萬不要以此做為威脅。

遠離邊緣型高衝突人格者

如果你打定主意要和邊緣型高衝突人格者終止關係，如果可能的話，最好循序漸進，避免突然引發他們對於被拋棄的恐懼。通常來說，逐步終止關係或友誼，會比摔門離去來得好，這樣他們才能調整情緒。進行的過程中要保持同理心、關心和尊重：「我打算離開這個職位（或這段關係）。我知道可能有點突然，但我已經考慮好一陣子了。我可以和你談一談，回答任何問題，但不會改變這個決定。」你也可以說自己接下來會比較忙，所以會離開一陣子，然後逐漸減少接觸，如此就不致於造成太大的震撼。

另一方面，你也要確定自己不會反反覆覆，或花很多時間辯解為什麼要切斷關係。這樣只會強化他們受傷的感覺，更難從失落中恢復。

在此同時，如果有其他人（家人、鄰居或同事）鼓勵你加強這段關係，也不必感到驚訝，因為他們可能只看到邊緣型高衝突人格者好的一面，沒看過他們強烈的情緒擺盪或暴怒。尤其當你剛開始成為怪罪目標，但沒有其他人發現的時候，你可能會感到很孤獨。你必須堅持自己的直覺，相信大部分人總有一天會站到你身邊。

最後，當你逐漸遠離他們的時候，別期待邊緣型高衝突人格者會感激你或過去的情誼。他們可能必須經歷對你的強烈負面情感，才有辦法走出這段關係。無論在任何狀況和時機下，你都無法（也不應該嘗試）說服他們不要憤怒，要接受這個事實：他們就是會有這樣的感受。

不過，如果情況變得過於危險，或者他們持續進逼，這時就立刻直接離開吧！找一位朋友、親戚或律師，做為你們的中間人，以確保你自身的安全，不要讓邊緣型高衝突人格者知道你的行蹤或和你直接接觸。

最後提醒

和面對自戀型高衝突人格者時一樣，絕不要告訴邊緣型的人你覺得他有高衝突人格或人格障礙。他們會有被拋棄感，進而產生最強烈的憤怒和激進的行為（也有可能是被動攻擊）。

別忘了，你很容易變成任何攻擊型人格者的怪罪目標，但要特別小心邊緣型高衝突人格者。他們對強烈和不穩定的關係特別執著，同時會將人分為「全善」或「全惡」。就算在抽身前你仍維持正面的關係，離開後在他們眼裡也會迅速變為「全惡」的大壞蛋。一開始便讓他們對你保持低期待，並且設下界線，恐怕才是避免這種結局的最佳方法。

第六章

「殘酷的騙子」類型

高衝突人格者中最迷人——因此也極度危險——的類型，便是社會病態者（sociopath）。雖然傳統上大家都把這種人視為犯罪型人格，但大多數的社會病態者都不在監獄裡，反而在日常生活中隨時可能遇上。但他們的行為是反社會的（違反社會行為和法律的標準），可能造成極大的傷害。

「社會病態者」這個名詞，通常和反社會人格障礙連在一起，兩者經常被視為是同義詞。第五版《精神疾病診斷與統計手冊》裡採用的是反社會人格障礙。從許多方面看來，反社會高衝突人格者就像三歲小孩，任何想要的東西都要拿到手，而且是立刻就要。如果你擋了他們的路，他們會把你推開，毀掉你的名譽，甚至殺了你，就只為了得到自己想要的。他們毫無悔意，有些甚至很享受傷害別人的過程。從這點看來，他們和其他摧毀你生活、但並非故意為之的人格者，是很不一樣的。驅使反社會高衝突人格者行動的，是他們對於「支配」的需要，會為了想擁有控制感而毀掉別人的生活。

幾十年來，心理健康的研究人員已經確認，反社會人格障礙者約佔平均人口的百分之三到四。前幾章提到的美國健康研究中心所做的大型研究報告，則確定有百分之三點六的人患有此疾病[1]，在北美大約是一千三百萬人。

從性別的人口統計數字看來，這種人格障礙偏重發生在男性身上：根據美國健康研究中心大型研究，約為百分之七十四[2]。不過，還是有百分之二十六的反社會人格者是女性，她們同樣可能是活躍於社會中的騙子、竊賊和兇手。我認為大部分具有反社會人格障礙的人都是高衝突人格者，所以不論性別，別再輕易被他們所矇騙、吸引。反社會高衝突人格者，最擅長的便是在人群中鎖定目標。他們許多人可能非常有吸引力，有趣又迷人，我曾看過很多人被反社會高衝突人格者騙得團團轉，等事後才自責、懊惱不已。

就算你並非他們原先鎖定的怪罪目標，但若是礙了他們的事，就會輕易把氣出在你身上。或者利用經過精心計算的行為來指責你，將你的注意力轉移到他們製造出的衝突上，然後肆無忌憚地偷你的東西或佔你便宜。

關於反社會人格

第五版《精神疾病診斷與統計手冊》列出七種診斷反社會人格障礙的特徵標準，具備下面三個重要的特徵，就可能是反社會高衝突人格者：

- 例行性地違反社會規則、常規和法律，且毫無悔意。
- 慣於欺騙，像是說謊、哄騙人，以達成自己想要的目的。
- 有控制他人的衝動。

總而言之，反社會高衝突人格者喜歡操弄、控制他人，而且抗拒任何讓自己感覺受到控制的情況。

這種控制的衝動，似乎和他們身上某種生物學的差異有關。舉例來說，他們在面對衝突時，心跳率會降低[3]，然而大多數人的心跳會加速才對。反社會人格者似乎很享受衝突，可能是因為他們察覺到那是控制情勢和他人的大好機會。

一般說來，他們會迫不及待想進行戰鬥，不願意退讓，即使有可能受傷也不介意。因此，在其他人傾向謹慎的狀況下，他們會甘願冒風險，尋求刺激感。結果就是，相較於小心避開危險狀況的人來說，許多反社會高衝突人格者的壽命會比較短。這或許就能解釋，為何美國健康研究中心的大型報告顯示，十八到二十歲的族群中患有此疾病的比例超過百分之六，而六十五歲以上的人只佔百分之〇點六。[4]

和其他高衝突性人格者一樣，反社會高衝突人格者會自我毀滅般地尋找支配對象，並且進行經常性、重複的反社會犯罪行為。其中很多人一生大半時間都在牢房裡度過，只有監獄系統才能剝奪他們的控制欲和支配欲。

即使如此，你仍然會在日常生活中遇到很多反社會高衝突人格者。大部分的行業裡都有一些反社會高衝突人格者，尤其是那些可以讓他們擁有控制他人權力的工作環境。他們未必是罪犯，但一定都和「反社會」行為脫不了關係，像是經常性說謊、冒風險（飆車、漏報稅、做生意偷斤減兩），以及哄騙他人（重婚，網路詐騙），很多人只是沒被抓到罷了——至少是還沒被抓到。

出乎意料的是，反社會人格障礙者可能是全世界最有魅力的一群人。事實上，我覺得這應該是最常見，也是最早出現的一種警訊。他們經常會用自己悲傷、戲劇化的故事來引人上鉤，訴說自己是如何被別人和命運所欺壓，接下來就是誠心請求別人幫他一把。通常他們是指金錢援助，也可能是提供機會讓他與某人建立關係，像是引介生意、進入團體或和某個心儀的人約會。

反社會高衝突人格者可以當著你的面，辯才無礙地說謊，說服力十足，讓你忍不住質疑自己的直覺，因此才有很多這類人被稱為詐騙高手。他們會分享秘密，讓你信賴他們的話勝過自己的思考和感覺。如果你常常自我懷疑，或者正經歷人生中特別脆弱的時期，就必須格外小心，別讓這些人佔你便宜。

因為反社會高衝突人格者常利用偽裝的脆弱去引誘人，人們往往在還沒來得及發現前就被他們纏上。不過一旦反社會高衝突人格者得逞後，便會消失，繼續尋找下一個沒有戒心的受害者。

反社會高衝突人格者的兩種表現風格

我在本章一開始曾提到，「社會病態」這個詞彙，通常會和反社會人格障礙連在一起，兩者經常被視為是同義詞。不過，專門研究這個病症的專家相信，有些社會病態者對於與自己同屬一個社會團體的成員，可能會較有同理心和悔恨的能力，他們只是對整體社會缺乏這樣的感受而已。因此，社會病態者的普遍性可能會比完全沒有同理心的反社會人格障礙者要來得高。[5]不過，由於本書最主要的目的是教導你保護自己，因此書中會將「社會病態者」和「反社會人格障礙」這兩個詞彙視為同義詞。

還有一個詞彙「精神病態」（psychopath），也常常用來指涉反社會的行為。精神病態另有獨立的診斷標準，但患有此疾病的人通常也符合反社會人格障礙的特徵。不過，許多心理健康專家和執法人員認為，「精神病態者」是反社會行為中較嚴重的類型，他們的特徵包括特別樂意（或享受）傷害他人，擁有更優異的操縱能力，而且不會有懊悔感。

許多連環殺手都屬於精神病態，但也有些精神病態者可能並不使用暴力，只是極端喜歡擺佈他人和冷酷無情。精神病態大約佔反社會人格者的四分之一，約佔北美人口的百分之三點六，約為三百六十萬人。

為了方便起見，我自己將反社會高衝突人格者分為兩類，不過這並非正式的分類：

- 同時也是精神病態的社會病態者：這種人有可能非常冷酷無情，他毀掉你的生活純粹只為了個人樂趣，還會哄騙他人來成就他的暴行。
- 不是精神病態的社會病態者：通常是只求達到自己目的的騙子，如果你礙到他們的事，會毫不在乎地傷害你。通常殘暴程度比前者輕微。

從根本來看，這兩者的差異在於「動機」：他們的目的是要藉由傷害你來控制你嗎？或者只是把你當成擋住目標的障礙，根本不在乎是否傷害到你？一般來說，如果你的目標是保持安全，其實沒必要去細分這兩類人。但你應該知道，這兩類人都是存在的，這樣當你遇見有人在言行上顯露出可能的線索時，內心的警鈴才會響起。在現今這個社會裡，我們對於「殘暴型」已經很熟悉，因為偵探小說、電視節目和電影裡隨處可見。不過至於「騙子型」，以及與他們打交道時會出現哪些警訊，可能就不太熟悉。

許多社會病態者表面上都過著很正常的生活，但其實是騙局。你可能在很長一段時間都無法識破詭計，而他們可能是你的生意伙伴、婚姻伴侶或某個好鄰居。讓我們仔細看看兩個完全不同的知名案例，兩者都顯示出了反社會高衝突人格者的特徵。

泰德．邦迪

泰德．邦迪（Ted Bundy）是美國七〇、八〇年代的連續殺人犯。根據 FBI 的估計，他總共殺了至少三十六名年輕女性和少女，而根據他自吹自擂的說法，被害人多達一百三十六人。這些女性都有相似的髮型，都很親切，樂意幫助碰上麻煩的陌生人。邦迪有一套騙人的方法引誘受害者上鉤，次次得手：他會在手臂或腿上包石膏，然後抱著一疊書走在大學校園裡（他曾經是法律系學生），接近某個落單的年輕女性，假裝失手把書掉在地上，然後要求她幫忙把書搬到車上。等受害者彎身探進打開的車門後，他就一把將她推進車裡，開車揚長而去。邦迪所謀殺的女性中，最年輕的甚至只有十二歲，最後他在一九八九年六月執行死刑。[6]

他的手法非常聰明，利用的正是書中討論到的人類正常反應。我們通常會相信陌生人，尤其是需要幫助或看來沒威脅性的陌生人。我之前也提過，反社會人格者騙人的速度可以非常快，他們會讓你移開目光，然後瞬間偷走皮夾。

就和邦迪的受害者一樣，因為情況看起來很緊急而且無害，通常沒時間考慮是否有可能是騙局。而且偶然遇到一個需要幫助的陌生人，我們的直覺通常不會發出任何警告。

事實上，曾與邦迪在心理輔導熱線共事過的安・露兒（Ann Rule），在多年後這樣談起他：「我相信，泰德是個有虐待狂的社會病態者，他的樂趣來自於別人的痛苦，以及對受害者的掌控……」她的著作《身邊的陌生人》（The Stranger

Beside Me），憑著她個人對他的認識和全面性的報導，成為熱門暢銷書。恐怕很少人像她一樣了解他，但在他們七年的友誼中，他從未讓她有過威脅感，直到被發現是連續殺人犯為止。

邦迪的童年生活十分混亂。他是一名父不詳的私生子，剛出生的頭三個月都待在未婚媽媽之家，而生母則是跑回娘家考慮該如何處置他，後來決定將邦迪帶回來，和自己的父母一起住。他的外祖父明顯脾氣很暴躁，不但對家人採取高壓控制，還會虐待動物。

從這樣的背景看來，很難判斷他是基因造成的反社會人格，所以天生就比較容易做出精神病態行為；還是因為童年的成長環境導至他缺乏良知，沉迷在暴力的生活之中。精神病態人格有可能先天就存在，但會在童年和青春期顯露出來，常常是因為環境的影響。雖然精神病態人格者只佔約百分之一的人口，但他們造成的傷害範圍卻很大，特別是如果最糟糕的行為，在非常小的年紀就已經被強化的話。

伯納・馬多夫

伯納・馬多夫（Bernie Madoff）經營一家股票投資公司三十年，直到二〇〇八年他告訴家人，公司其實全是一場騙局。這正是所謂的龐茲騙局（Ponzi scheme，譯註：一種非法傳銷的商業詐騙模式），馬多夫以投資股票市場為偽裝，騙取了投資人數百億美元，但錢都揮霍在自己奢華的生活上。他的妻子、成年的子女（也在他的公司工作）、他的哥哥和數名好友，都是他的事業夥伴，並且也由他的財富獲得豐厚的利益。他不只欺騙認識的每個人，也欺騙華爾街、欺騙國家和所有的投資客戶，包括多家慈善機構、退休金基金會，還有些私人客戶，都在後續的餘波中失去他們一生的積蓄[7]。

他也像泰德・邦迪一樣是個精神病態者嗎？可能不是。他在被捕之後，自白曾經好幾次想阻止自己（如果你相信他的說法的話），但最終還是繼續這場陰謀。沒有證據顯示他是故意如此無情的，但其行動所造成的影響，卻是殘酷無比。

不過，他是社會病態嗎？很多人會表示同意。伯納・馬多夫似乎算是「不是精神病態的社會病態者」的一個好例子。和邦迪不一樣，他似乎並非真心想傷害任何人，甚至可能曾經感到懊悔，但就是無法停止自己反社會行為的人。在他事跡敗露被捕入獄兩年後，他的一個兒子自殺身亡[8]，後來他的妻子也斷絕聯絡，雙方從此再也不曾交談。[9]

對於這個案例，世人最常提起的問題就是：他的家人是否知道那是騙局，他們也參與其中嗎？他們曾嚴正否認，我也認為他們應該不知情。如同本章前面討論過的，社會病態者會以欺騙來達到自己的目的。如果馬多夫是以一種特定、重複的模式來哄騙眾人的話，那麼非常有可能他身邊所有人，包括家人，全都受到了欺騙。

當然，公司裡有一些特定員工知道騙局的事，因為馬多夫需要幫手才可能得手。這些人或許也同樣具有反社會人格，現實中有很多犯罪騙局都是由好幾個社會病態者合作完成的（不少犯罪電影、電視影集裡都是由真實事件改編成）。但也有些人是極度依賴、想討好和接近某個迷人、幹勁十足的社會病態者，就算因此要從事高風險的非法行為他們也再所不惜。當有某個反社會人格者想強力推動一個大騙局時，這兩種可能性都是很常見的。當然，金錢、權力或承諾一趟異國旅行，都有可能成為這些幫手的動機，但通常比不上待在極具權力的社會病態者身邊所帶來的刺激感。

我曾經在幫助女性與反社會人格丈夫離婚的案例中，看過類似、但規模較小的故事。在為了離婚而揭露某些秘密生活或可疑的金錢活動之前，這些女性一點都不知情。他們的婚姻都已經維持數年之久，有些丈夫甚至每天假裝去上班，其實根本是在詐騙妻子家族的公司。這些騙子將生命中所有人耍得團團轉，而且往後還會繼續，最終像伯納．馬多夫一樣，受到真相的反撲。

辨識反社會高衝突人格者

反社會高衝突人格者存在於各種職業、團體和文化之中，但特別喜愛能夠控制、操弄他人的行業，像是政治人物、警察、法律人士、銷售員及商人。許多人喜歡自己當老闆，這樣更有機會隱藏反社會行為。

不過，因為反社會高衝突人格者會花很大力氣去挑選怪罪目標和偽裝自己的意圖，因此明顯的警訊並不多。天真、脆弱的人是他們最愛的受害者類型，尤其是那些習於幫助、信任陌生人的類型。因此，與其在他們身上尋找邪惡行為的警訊，不如尋找過度善良行為（好得不像是真的）的警訊，注意那些需要你幫忙的人，很可能正在操控你，像泰德．邦迪一樣。要小心那些在你不太熟悉或甚至根本不認識他時，就希望你提供過多幫助的人。

當然，這不代表你不應該幫助有需要的陌生人，但應該要小心提防那可能是詐騙手段，或者你在伸出援手時，要避免自己陷入孤立、脆弱的處境。

我知道這種時時都要保持警覺的感覺真的很差，但在這個時代，這樣的警覺心有其必要，能保護你不成為受害目標。在你同意幫助陌生人、讓自己陷入危險處境之前，應該先應用WEB法則來做判斷。

言語：以初學者來說，絕對不要百分之百相信任何人。先確定事情的真相，尤其是他們那些聽起來奇怪或極端的說法，尤其不要相信任何常把「相信我」掛在嘴邊的人。

小心誘惑性的言詞，像是稱讚你有多好，或吹噓自己有多好的話。我有同事曾和一名男性交往，對方稱自己擁有「史上最棒的父親」和「史上最棒的朋友」等等美名，多到我同事開始稱他為「了不起先生」。最後當然發現他操控欲強、不誠實，而且財務狀況正瀕臨崩潰，了不起先生變成了一道警訊：太美好的都不是真的。

小心「受害者故事」。有很多正常人是真的受害者，而且也需要適當的幫助，但反社會高衝突人格者最有效的一種操控手段就是，假裝自己是某件事的受害者（例如邦迪故意打上石膏），需要你立即伸出援手。這時就要留意那些強烈挑動同情心的字眼，比方說：「你是唯一了解我的人！你一定得幫我！」「我現在真的有危險，你一定要幫我，不能告訴任何人你要去哪裡。」在提供資源或冒險幫助別人之前，先確定一下真偽。

小心那些針對你而來的極端負面言語，那些嚴厲、殘酷的話是故意要激起你的罪惡感或羞愧，進而願意替他們完成任務。（「如果你聰明一點，就能替我解決這件事了。」「你這麼害怕做什麼？」「你什麼事都辦不成。」「沒人會要你的啦！」）

小心前後矛盾的故事。反社會高衝突人格者會經常性地說謊，頻繁到讓你忽略其中的矛盾處，甚至可能開始懷疑自己。其實他們今天說的話和昨天不一致，或完全編造出來的故事講到一半出現矛盾，這些都是常有的狀況。當有矛盾之處被抓到的時候，他們會給出一個聽起來很合理的解釋，而大部分的人聽到這樣的回應，很容易以為是自己記錯或聽錯。這正是他們哄騙你的方法，讓你懷疑自己，寧可相信他們的故事版本而不是自己的判斷。

小心那些和「最高機密」有關的故事。反社會人格者常跟別人說自己在FBI、CIA、NSA或其他有力的政府機構工作。他們自稱正參與（或曾經參與）一些高層級的計畫，需要離開你一段時間，而且期間都無法聯絡。

事實上，這段時間他們可能正涉入犯罪活動，或者和你毫無所悉的家庭、同伴在一起。對他們來說，保持神祕能讓生活來去完全自由，同時還能維繫伴侶或工作伙伴的關係，繼續提供金錢、工作、性或其他方面的需要。而且，謊稱自己是為最有權力的組織工作，既能讓周圍的人閉嘴不追問，聽起來又很厲害。

情緒：最重要的是要留意你的直覺。雖然直覺不一定永遠是對的，但優先檢視它仍是首要之務。底下是你面對反社會高衝突人格者時常有的一些感覺：

- 當他們出現在我生命中時，我會感到極度興奮，因為他們說我們將會非常有錢，會去各種有趣的地方玩，認識許多上流人士。
- 我感覺害怕，可是找不出原因，所以一定是反應過度了。
- 我會因為自己懷疑他們，感覺很蠢或很羞愧。
- 他們向我透露的消息會讓我感到很孤立。這種感覺很強烈，但我不能和任何人提起。
- 我感覺被隔絕在朋友、家人和原有的支持體系之外，但他們告訴我這只是暫時的。
- 他們會經常性地消失，藉口讓我覺得很可疑。
- 我覺得他們是掠奪者，而我是獵物，但不知道為什麼。

和對待其他高衝突人格者一樣，你要小心極端的情緒。大部分健康的人會引發正面情緒，而非不尋常或極端的情緒，這可能都是警訊，記得和能夠提供你不同觀點的人一起檢視這些感覺。

行為：反社會高衝突人格者可能長期以來都有極端行為，如果你直覺有所懷疑，不妨用google搜尋他們，或查閱居住地的地方法院資料。他們多數都有不曾向你透露的犯罪記錄，就算沒有，也可能曾有過法律糾紛。

大部分人會盡可能避免上法庭，但反社會人格者很喜歡對他人進行訴訟，因為在訴訟過程中有機會操弄他們的受害者。他們也能趁此機會，公開用任何藉口來指責怪罪目標。另一方面，他們也常因為欠債、出言威脅、偶發的暴力行為、違約或違反承諾，而被人控告。

百分之九十的人不會像反社會高衝突人格者一樣，有這些控制和欺騙行為的長期記錄。這在他們的人格和生命中占了很大的部分，因此你大概只需花少許力氣便能找到蛛絲馬跡，舉例來說，他們很多人都有不繳納停車費或交通罰單的紀錄。我在許多司法案例中發現，他們似乎很享受違反可以逃得過的法規。欠繳罰單不是無關緊要的事，但他們覺得只要不被逮到就算沒事（至少他們自以為如此）。

「冒險」所帶來的刺激感，是吸引他們遊走法律邊緣的主因，以為自己可以在小小的違法行為中規避後果，不受懲罰。就是他們這種草率的想法，讓你有機會找到蛛絲馬跡。

他們會要求你為了生意、異國旅行或其他誘因，一起加入騙局，讓你們的財富、名譽或其他事物遭受危險嗎？

會容許你拒絕他們的任何要求嗎？即使在你們還不太認識的情況下，會希望你為他們冒風險、借錢或幫忙跑腿嗎？

你在慷慨付出之前，通常會希望先設下界線，花時間了解對方，而百分之九十的人也會予以尊重。

不管任何理由，當有人要你切斷與朋友、家人的聯繫時，就要特別小心，這是另一個警訊。別讓你的生命只圍著一個人打轉，百分之九十的人會希望你有朋友，並且花時間與家人相處。

在工作上，當有人經常無緣無故地消失，因為奇怪的理由缺席或未能完成工作，都要保持懷疑。要注意是否有任何商品財物消失不見，你可以安裝保全設備，讓反社會高衝突人格者無法盜取機密、偷竊錢財資源或公司訊息。還有，先別急著交付敏感資訊或密碼給新進職員，因為可能要等到一年後，他們才會露出高衝突性的行為。

避開反社會高衝突人格者

反社會人格者是操控大師，因此你要有所準備，能夠堅定地拒絕那些在前述的細節上讓你感到不自在的人，尤其是在他們對你許下諸多美好願景的時候。

小心不要「過分樂於助人」，別讓自己被哄騙去幫不認識的人完成任務、借錢、提供個人資訊等等。事實上，就算是已經認識很久的人，也大可設下合理的界線，因為你可能並不清楚他完整的個人歷史。如果你對某人直覺不太對勁，就應該先查證清楚。

當然，我並非要你對身邊所有人都疑神疑鬼。但畢竟反社會高衝突人格者占了平均人口的將近百分之四，也就是說每二十五個人裡就有一個，你認識的人中可能就遠遠超過二十五個。

更生人

還記得本書一開始提到的更生人的故事嗎？我們現在利用你所學到的人格覺察的技巧來進一步檢視。

最後是有位記者出面揭發，那些火災殘骸的照片根本和保羅的親戚毫無關係，然而有些教友仍拒絕接受事實，離開了教會。教友之間的裂痕，過了好長一段時間後，才得以逐漸修復。

言語：我們不清楚保羅在要求捐款時說了哪些話，他說服了一半的教友，但也有一半的人不相信他。通常，反社會高衝突人格者的支持者是在「情感上」被說服，而不相信的人則是依「理性邏輯」予以懷疑。

保羅十九歲時從一家便利商店搶走三百五十美元，三天後便被警察逮捕，接著因為持槍搶劫的罪名被判服刑好幾年，但他在監獄中改過向善，不僅通過高中同等學力測驗，還能幫忙指導其他犯人。

出獄後，他加入一個教會，受到教友的溫暖接納，自己也為教會的弟兄姊妹們做出許多貢獻。

行為：保羅曾在十九歲時持槍搶劫商店，這樣的行為可能導致有人喪命。百分之九十的人會這樣做嗎？他們會不會是迫於壓力下這麼做的呢？是因為年輕不夠成熟嗎？不！百分之九十的人不會有這樣高風險的舉動。他當時的確很年輕，有可能從此改過向善，但這是極端的反社會行為，他有極高的風險就是反社會人格的類型。

但好景不常，沒多久他就開始向教友提起遠方表親家失火的噩耗，一有機會就向人展示房屋殘骸的照片，藉機募款。

很快地，教友間開始產生分裂，一派人相信保羅，為他辯護；另一派則認為他又故態復萌了，根本是在欺騙大家。某次聚會中，有部分教友甚至彼此叫囂，還有人揚言如果大家要趕保羅走，他就要退出教會——後來還真的說到做到。

情緒：我的猜測是，當保羅邀大家捐款重建他親戚的房子時，有許多教友都感覺不舒服。畢竟，在他加入教會時，大家都知道他的犯罪歷史。

但教友們也因為這個議題導致了「分裂」。當你發現一個組織中發生如此強烈的情感分裂，通常就是有某個高衝突人格者混在其中的警訊。情緒是會彼此感染的，高衝突的情緒感染力更是強大。

結論：藉由有力的人格覺察技巧，當你得知保羅有極端行為的背景時，可能已經有所警覺。大部分的組織可能也不希望冒風險，所以不會邀請他進入他們的生活圈。

但有些組織，像是教會，有使命必須歡迎這些背景經歷不討喜的人。有些雇主會特別雇用更生人，但他們有特別的規矩和防範措施，防止可能的問題發生。

讓我們細看一下這些管理反社會高衝突人格者的原則，並且思考教會可以如何利用這些原則，比較成功地解決保羅的問題。

應付反社會高衝突人格者

面對反社會高衝突人格者一樣要使用CARS法則的四個原則。首先，用同理心、關心和尊重與他們產生**連結**。不過，對反社會高衝突人格者不用放太多精力在同理心和關心上，因為他們會試圖利用這點來操縱你。你最需要強調的是**尊重**：強調對他們做過的好事的敬意、強調你希望尊重他們，所以期望他們也能尊重你。不過也別做得太過火，免得他們會忍不住想操控你和挑戰你，只要實事求是地表達你的尊重，然後分析他們現在需要做出的選擇。

以保羅的例子來說，教會領袖和教友們可以歡迎他，但要避免過度同情他的過去，應該將重點放在他為了改善自我所作出的努力，並對此表達敬意。過度同情反社會人格者的問題，可能會強化他們的操控傾向，反而該將注意力放在他們的正面行為上。

下一個關鍵是**分析**他們可有的選擇。讓他們了解自己有其他選擇，即使選項看來不太令人滿意，還是要強調無論選擇哪一條路，都該由他們自行決定，例如：「你可能不了解如果那麼做，可能得去坐牢。當然啦，這是你的選擇，由你自己決定。」

教會領袖可以告訴保羅，他的教友資格在第一年是有條件的，他需要避免做出任何有故態復萌嫌疑的行為。條件可以包括不得提起牢獄生活的「英勇故事」，不得要求教友給予金錢或其他方面的好處，同時每週會和指定的教會人員進行確認。如果他無法達成這些要求就得離開，可以強調是否接受條件的主權在他手上：「接不接受由你自己決定。」

你可能會懷疑，他會不會努力隱藏真面目，以撐過這一年的觀察期？一般來說，反社會人格者不會這麼有耐心，如果他們又想騙人，將會立刻轉戰別的團體。

用正確資訊簡短地**回應**錯誤訊息或操控行為。你可以預料到他們會有說謊和操控行為，如果能夠猜到會說什麼，就預先準備好回應的方式，但不要浪費時間去說服他們接受你的看法。反社會高衝突人格者擅長哄騙他人，也習慣不被他人說服，要隨時提防他層出不窮的藉口、甜言蜜語和無助的被害者說詞。

比方說，保羅可能會說要求教友捐款並沒有問題，因為錢是要給他遠方表親的，這時教會領袖就該用BIFF法則來回應他。假設之前已經設定好入會資格的條件，教會可以這樣回應：「我明白你對這件事的想法，但這已經符合行為讓人起疑的範圍，所以請你停止。我們想幫助你繼續留下來。」再次強調，回應務必簡短、提供訊息、友善而堅定。

最後，**設下界線**，這是對付反社會高衝突人格者最重要的一個步驟。你在提出這一點時，心理要先有所準備，並且態度堅定，因為他們會試圖改變你想定下的任何界線，並且將焦點轉移到其他人身上——包括你在內。

別忘了，由於具有怪罪他人的執念，所有的高衝突人格者都會這麼做。不過反社會高衝突人格者因為缺乏自責的能力，反應會更強烈，謊言也會更極端。所以你要盡量簡短，舉例來說：「如果你不遵守，那我就必須『開除你／控告你／與你離婚』。我希望沒必要做到這一步，完全由你自己決定。」話說到此即可，記得你設定界線的時，不能讓他覺得你是針對他，或認為還有商量的餘地，一定要強調：「這是我們所有人都必須遵守的規定。」

通常，反社會高衝突人格者會有一些擁護者（家人、朋友或專業人士），他們會幫他辯護，試圖讓情況看起來像是你在欺負他這樣一個「好人」。因此你在與他設定界線時最好不要單獨進行，請長官、信任的朋友和你一起，支持你的立場。

這種人格傾向的人或許是最難強制設定界線的，因此在對反社會高衝突人格者設定界線時，通常需要專業的協助，不妨諮詢律師，或者相關議題的專家。這類人的行為通常遊走在法律邊緣，所以要先查清楚你身為雇主、伴侶或鄰居所擁有的法律手段有哪些，必要時也可以請警察或其他權威人士的介入。

如何與保羅設定界線呢？教會領袖應該一開始就先說清楚他們的期待和界線，包括保羅違反的話會有哪些後果。我們在「分析」和「回應」的部分已經看到會出現怎樣的狀況，他們應該告知保羅，遵守或違反這些界線，分別會造成哪些正面、負面的結果。同時也告知教友，如果有任何疑慮應該向誰反應，然後教會上下都必須貫徹這些規則。

如果教會一開始便使用CARS法則，保羅可能就無法得逞，教友之間也不會分裂了。

遠離反社會高衝突人格者

讀完這一章後，你會得出一個結論：遠離反社會高衝突人格者才是正確的選擇，而不是繼續和他們硬碰硬。我非常認同這一點，但你處理的時候必須小心。反社會高衝突人格者不喜歡受到控制或羞辱，因此通常會這樣詮釋你的拒絕，當他們以大發雷霆來回應時，情況有可能變得非常危險。

視個人狀況不同，你可以選擇用漸進的方式遠離他們（譬如你們是朋友或家人的關係），或者用強烈撤退的方式驟然斬斷關係（像是開除員工或辭職）。重點是要貫徹到底和站穩堅定的立場，如果你有所動搖，反社會高衝突人格者可能會輕易地說服你，然後在事後因為你企圖逃跑而做出懲罰。

在脫離關係之前，你應該根據自己的狀況來考慮下列建議：

- 準備好相關資訊來支持自己的立場，尋求朋友或心理治療師的意見和支援。
- 先練習好說詞，建立好信心，讓你可以成功完成任務。

- 制定好安全計畫，無論是人身、情感的安全，或維護自身名譽的措施。
- 無論你是逐步脫離關係，或驟然切斷關係，都可以嘗試尋求旁人的協助，例如諮商師和保鏢。
- 要了解一個事實，無論你說什麼話，都不會讓對方覺得好過。做自己必須做的事，並且將安全計畫謹記在心。
- 先預先想好對方可能有的反應，他們曾做過最糟糕的事情是什麼？那可能就是他們焦慮時的行為模式。懷抱最好的期望，準備好面對最糟的狀況。

最後提醒

反社會高衝突人格的程度差異很大，但要謹記，哄騙絕對是他們的策略之一，而且其中部分人可能極度殘酷。他們可能是你見過最迷人、最有吸引力、最聰明的。他們與常人，甚至大部分其他高衝突人格者差異在於，擁有想毀掉其他人生命的意圖（甚至可能樂在其中）。

除非你已經準備好對付他們的方法，否則最好及早辨識出他們，在一開始就避開，保護自己不受操縱。

第七章

「多疑」類型

這種類型的高衝突人格者，又稱為妄想型高衝突人格者。你可能以為有妄想型人格特徵的人應該會避免衝突，和避開其他人，但有小部分的妄想型人格者同時也擁有高衝突人格。妄想型高衝突人格者潛在的恐懼，是被周遭的人或權威人士背叛、欺騙或設局陷害。他們傷害別人的理由，只出於覺得其他人（怪罪目標）會試圖傷害他們。

美國健康研究中心的主要人格障礙研究發現，美國人口中約有百分之四點四患有此障礙，在北美約為一千六百萬人。[1] 雖然這個數字比反社會人格來得高（百分之三點六），但我相信妄想型人格障礙者中，同時也具有高衝突人格的比例應該少很多。雖然他們大部分較不信任旁人，不過也有少數是有信任感的。

這種人格障礙者大多數是女性（根據美國健康研究中心大型研究是百分之五十七），但根據我的經驗，以及全國上訴法庭案例中此類人格障礙的男性比例遠高過女性的現象來看，妄想型人格障礙的男性似乎比較容易有怪罪對象。他們的怪罪目標通常是比較大型的組織機構，像是工作單位、政府機關或執法機構，不過，他們也常在與這些組織打交道時，瞄準其中的某個人做為目標。

這種人格類型主要傾向口頭攻擊。他們可能會散佈謠言，控告雇主「毀掉」自己的職涯，或是控訴政府機關毀了他們的人生。換句話說，他們摧毀其他人的人生，是因為懷疑其他人要摧毀他們的人生。他們的懷疑通常都是不實的，而其他人卻因此受苦。

不要向妄想型高衝突人格者指出他們的多疑，如果你這麼做，就會因為不同意他們的想法，成為他們害怕的人之一。

關於妄想型人格

雖然大部分妄想型人格障礙者對旁人非常多疑，但不會主動來找麻煩。是同時具有「妄想型人格障礙」和「高衝突人格」的人，才有可能摧毀你的人生，因為他們將自己的恐懼連結在怪罪目標身上了。

除了高衝突人格者的四個主要特徵外，妄想型高衝突人格者還具有第五版《精神疾病診斷與統計手冊》所列出的七種妄想型人格障礙的特徵。這些主要特徵有：

- 懷疑其他人企圖傷害自己，但實際上並沒有。
- 因為微不足道或根本不存在的理由而懷恨在心。
- 害怕其他人（個人或團體）正密謀對付自己，或毀壞自己的名聲，因此做出憤怒或反擊等過激反應。

妄想型高衝突人格者無論到哪都以為有陰謀。他們害怕同事竊竊的私語是企圖阻礙他們的事業，或密謀要傷害他們。他們害怕鄰居、鄰居的小孩或警察，或者擔心強勢的公家權力機關會侵擾他們的生活。如果你們正在談戀愛，他們可能會懷疑你外遇劈腿、偷錢或說謊。對許多妄想型高衝突人格者來說，在網路上尋找怪罪目標會讓他們感覺自在很多，因為在網路上可以匿名。他們也常會將其他人或法律機構拉進衝突中，做為「回擊」怪罪目標的有力後盾。

事實上，當有妄想症的人企圖將你拉進他們的陣營，幫忙對抗其他「密謀對付」他們的人或團體時，你或許就能感覺到不對勁了。一段時間後，你會發現根本沒有什麼陰謀，於是停止幫助。這時他們會認定你是叛徒，是陰謀方的一份子，於是你就成了他們的下一個怪罪目標。

有時一點點的妄想多疑不是壞事，可以讓你比較謹慎，或許還能避免陷入麻煩，像是和高衝突人格者產生交集。只有當妄想變成持續性的行為失能模式，才會變成人格障礙的一部分。這種疾病諷刺的地方在於，你無法告訴對方他的妄想是不必要的；如果說了，他會認為你才是問題所在——因為你成了他無法信任的人之一。

妄想型高衝突人格者的兩種表現風格

具有妄想型人格障礙的人似乎可以分為兩大類：

1. 只具有妄想型人格障礙。
2. 除了妄想型人格障礙外，還有其他有妄想症狀的精神疾病。

除了妄想型人格障礙外，妄想症狀（過度恐懼或多疑）也常與其他好幾種精神問題相關。它會出現在憂鬱症或躁鬱症病患身上，而這些人本身對於事情的理解就已經比實際上負面了。對大部分憂鬱症患者來說，這種妄想症狀只是暫時的，當憂鬱症痊癒時也會隨之消失；至於躁鬱症患者，這些負面想法可以藉由藥物控制而好轉。

比較嚴重的妄想症狀，可能伴隨著思覺失調症發生，這類患者會完全脫離現實，聽見實際上不存在的聲音（幻聽），看見實際上不存在的人（幻覺）。當然，藉由現代醫學的幫助，很多思覺失調症患者也可以重拾大致正常的生活。

我的經驗和觀察是，只具有其他這些精神問題（憂鬱症、躁鬱症和思覺失調症）的人，通常不會有怪罪對象。相反地，他們生氣的對象往往是自己，而不是別人。不過，如果他們落在第二類，也就是同時擁有妄想型人格障礙的話，就比較可能會找旁人當怪罪目標。他們的人格障礙會加重妄想，而導致與周遭的人發生衝突。

接下來讓我們來看兩個妄想型人格障礙的實例。這些案例不是太明確，不同的心理醫學專家在一開始還做出了不同的診斷，但兩個案例都表現出極端的妄想症狀。

鄰居

這個例子是源自多年前真實的法庭案例，充分說明了妄想型高衝突人格是如何想像自己身陷危險，但實際上卻成了危險的來源。

亞伯・拉西特從一九七〇年起便在美國法警局（USMS）擔任警官，直到一九九二年才因為健康狀況不佳而卸任。在他任職期間最後一次的書面評鑑上，長官們對於他履行職務的評等不是優異就是傑出。

而最終導致拉西特退休的一連串事件，始於一九九〇年末。當時拉特西開始懷疑鄰居老太太、她兒子和其他不明人士，正密謀要闖進自己家偷竊。拉特西的懷疑是來自許多小事件，包括他觀察到，有好幾輛卡車和轎車在開過他家時都放慢了車速；他還接過一接起就掛斷的電話，經過來電識別系統追查，是鄰居的親戚打來的。

拉西特聯絡過當地警察局的多位警官，表達他的憂慮。在某次談話中，一位警官警告拉西特，如果有盜匪闖進門，他不可以開槍；拉西特回說，要是他不可以開槍，那警察局的「兇殺案小隊最好隨時待命」。在針對拉西特的擔心進行調查後，警察局的結論是查無不法情事。

拉西特仍然堅信自己是潛在犯罪的目標。為了引出有嫌疑的盜匪，拉西特曾在聖誕假期時假裝出遠門，也會在下班回家時，先將車停在離家很遠的地方，然後從側門溜回房子裡。為了假裝不在家，拉西特不開燈，不接電話，不取郵件，不洗碗盤，不在爐子上煮飯，也不沖馬桶。為了可能的入侵者，拉西特把槍放進隨身皮套，穿上防彈背心，用膠帶將電話上一和九之外的數字全都封住，這樣若有需要時，他就算在黑暗中也能打電話報警，同時他還用另外一隻電話與警察局保持聯繫。拉西特通知警方的調度小組，他手上有一把雙管獵槍和一把點四五的瓦斯自動槍，並且警告說，除非他死了，否則那些盜匪別想脫下他的美國法警局臂章。

為了確保當盜匪有動作時他能有所警覺，拉西特改在白天睡覺，晚上徹夜守候。在十二月二十三號的下午，一位警官上門調查，因為有鄰居抱怨拉西特拿著武器威脅要殺人，但他拒絕開門。後來，在十二月二十四號清晨，警察局又接到拉西特的來電，當警官抵達他家時，發現他配備著一把自動武器、兩排彈匣、一架夜視望遠鏡，還穿著防彈背心。在觀察到他家中堆積未洗的碗盤，沒沖的馬桶和武器後，警官們開始擔心起來，拉西特持有的武力太強大，而他的行為舉止也越來越激動。警官們回去取得臨時扣押令後又回來，要求拉西特必須前往查特．西布魯克醫院進行精神鑑定。

強制入院的三個星期間，拉西特仍持續相信密謀確有其事，而且排斥某些治療，因為他不相信被指派來照顧他的醫護人員。最後拉西特的結論是，除了他的鄰居之外，醫生、職員和同病房的室友、當地警察局成員、藥劑師，全都參與了密謀來對付他。

他出院兩星期後，美國法警局安排湯瑪士．馬修醫生來為拉西特做檢查。馬修醫生的診斷是，拉西特罹患了妄想症，並且認為由於拉西特仍在美國法警局的人事配置中，因此應該先撤除他的武器，解除所有必須攜帶武器的職務。美國法警局的官員向馬修醫生解釋，執行警官職務是不可能不配槍的，於是馬修醫生建議宣告拉西特的健康狀況不適任。

在接到馬修醫生的鑑定結果後，拉西特召集了另外三位精神科醫生來評估自己的狀況。首先是馬文．史登醫生，他診斷拉西特罹患的是妄想型人格障礙，但目前並不具危險性，「建議他可重回工作崗位……並在恢復法警局職務後，有權配備武器」。第二位是朱利安．漢貝克醫生，他也同樣診斷拉西特是妄想型人格障礙，但他建議在拉西特取得原有配備武器的職權之前，應該先接受精神治療或定期的精神評估。第三位是保羅．崔維斯醫生，他建議拉西特接受妄想症專門醫生的評估。

在仔細考慮過精神科醫生的評估報告，並重新檢視一九九〇年底發生的事件後，法警局的官員決定在一九九二年五月解除拉西特的警官職務。考慮到拉西特的調適問題，美國法警局嘗試先將拉西特安置在不需攜槍的行政職。不過，由於在拉西特的通勤範圍內一直無法找到職缺，美國法警局最後終止了與拉西特的僱約關係。[2]

拉西特的案例，是高衝突人格者除了妄想型人格障礙外，可能還同時兼有另一種心理疾病：幻想型妄想症（delusional／paranoid disorder）。幻想型妄想症沒有思覺失調症那麼嚴重，但會嚴重地影響到人的想法。這代表說，拉西特在事件發生之前，可能有好幾個月或好幾年的時間都看起來完全正常。他有長期穩定的工作，完全不像有思覺失調症（幻聽和幻覺）這種短期精神疾患的人。換句話說，如果你才剛認識拉西特或剛與他共事，可能完全不會知道他有任何人格障礙。

但你會希望讓拉西特攜帶武器嗎？可以從這個案例看出，專家對於妄想症的嚴重程度意見分歧。其中兩位專家評估他是妄想型人格障礙，但有一位說他可以攜帶武器沒有問題，因為他「目前」沒有危險性。問題在於，人格障礙是一種長期、特定的行為模式，因此之後即使在兩段嚴重時期之間會有一段較平穩的階段，但極端行為還是會不斷重複。

從現實面考量，比較安全的假設還是，除非此人進行大量諮商來改變自己的思考、感覺和行為方式，否則未來極端行為仍會不斷重複。別忘了，藥物雖然有助於改善患者的其他問題（像是憂鬱或焦躁），但並無法治癒人格障礙。

如果你知道某人似乎有實際的怪罪目標（例如說，對方相信鄰居老婦人及其家人計畫要洗劫自己家），那你就應該避開他。

這樣的案例最引人注意的點在於，有人格障礙問題的人會為自身製造新的麻煩——以這個案例來說，就是被解雇。拉西特因為相信自己的負面想法，結果最終只對自己造成了傷害。由於這樣的人格障礙，所以他沒辦法具備必要的自我認知，去意識到製造麻煩的不是怪罪目標，而是他自己。

從這個案例中你也可以發現，當一個人有不理性的恐懼，害怕他人對自己不利時會變得多危險。萬一他的鄰居正好上門來借一杯糖或一隻扳手，會發生什麼慘劇？

當然，這是一個比較極端的例子。不過既然北美地區約有一千六百萬人有這樣的人格障礙，在你家附近或許就有人會對自己的妄想採取過度反應。我並非要你對這個狀況過度反應，只是希望你對這種行為模式有足夠的認識，才能避開或小心地應對。

同事

還記得前面提過的喬和莫妮卡的例子嗎？有些妄想的跡象比拉西特的案例輕微，但還是足以對當事人造成嚴重的困擾。

在莫妮卡為喬工作了兩個月後的某一天，她向他抱怨另一個小組中有人騷擾她，不僅對她的穿著打扮品頭論足，還說了具有性暗示的話。喬將那名員工查爾斯叫進辦公室，問他是怎麼回事。

「沒這回事！」查爾斯生氣地說：「我根本很少和她說話！她老是一副疑神疑鬼的樣子，我避開她都來不及了。而且你認識我三年了，我絕不會說那種話或做出性暗示。我的小組裡有一半是女性，你覺得如果我有這種行為，其他人怎麼可能到現在都沒有抱怨？雖然不知道為什麼，但我覺得她是想陷害我。」

喬覺得他的話很合理，但為了安全起見，他還是告訴查爾斯要小心言詞，不要在無意中說出會惹麻煩的話。接下來幾個星期，莫妮卡都沒有再來抱怨，風波似乎已經平息下來。

幾個月後，莫妮卡看到一則其他部門職位空缺的告示，決定要去申請，要求喬幫忙寫推薦信。喬同意了，但也說很遺憾她這麼快就要離開自己的部門，因為她的工作表現很不錯。

後來莫妮卡沒有得到那個職位，於是憤怒地來質問喬：「你怎麼可以阻礙我的事業發展，在背後捅我一刀！」她說她知道喬是為了要把她留下來，所以故意破壞調職申請。

「哪有這回事！」他回應說：「公司裡各部門間的人事流動頻繁，我早就習慣了。我對你只有讚美，說看到你要離開感覺很可惜，就這樣而已，後來也向那個部門推薦你。他們應該是決定聘用經驗更豐富的人。團隊有人想到別的部門工作，這種事司空見慣了，我沒興趣擋人家的路。」

「你知道嗎，」莫妮卡回他說：「我之所以不想再待在你的部門，還有部分原因是不斷收到奇怪的郵件，我猜是其他人寄來的。如果是陌生人應該不會對我那麼清楚，這件事你應該處理一下。」

「你可以舉個例子嗎？」喬問。

「我可以讓你看其中幾封信。」莫妮卡說。她給他看了幾封郵件，但看起來像是大家都收過的那種垃圾郵件，喬說出他的看法，但莫妮卡堅持是有人要針對她。

「你覺得會是誰？」喬問。

「我猜是下午茶時間常聚在休息室的那群人。他們每次一看到我，就開始竊竊私語，我很確定他們就是在說我。」

「你這樣說太牽強附會了。」喬說：「不要亂想。」

在工作即將滿一年的時候，莫妮卡又來抱怨有同事偷藏她的錢包，她最後是在影印機旁的角落找到的。還聲稱某天下班後有一位客戶跟蹤她到停車場，不過喬很了解那位客戶，所以很懷疑這件事的真實性。

最後在不得已的情況下，喬決定必須讓莫妮卡離開。他開除了她，並告訴她已經干擾到部門裡的團隊合作。

於是莫妮卡控告公司，並且特別指名喬有差別待遇，此外還有好幾個同事騷擾她。雖然後來她輸掉了官司，但訴訟的壓力讓喬的胃出了毛病，必須請假。在做了這麼多事幫助她繼續留在團隊之後，他真的覺得自己像是被反咬了一口。

此外，有好幾位員工在莫妮卡被開除後也辭職了——有些人還是因為她的緣故而離開，喬曾經愉快共事的工作團隊已不復在。雖然莫妮卡聲稱她被喬在背後捅一包，但喬覺得他才是真正被背叛的人。他認為自己沒辦法再勝任經理的工作，於是轉回之前處理個人客戶的舊職位，連帶薪水也變少了。同時他也在醫生的建議下，開始服用抗憂鬱藥物。

莫妮卡是高衝突人格者嗎？很明顯可以看得出來，她可能有妄想型人格障礙。她的所有恐懼，都有可能是真的，但似乎又非常不可能，而且在經過調查後也沒能查出結果。她對於同事、老闆和公司，似乎都抱持同一種思考模式。莫妮卡的想法也不是思覺失調症造成的那種不可能存在的妄想（像是幻覺和幻聽）。她既不是憂鬱症，也沒有任何躁鬱症的跡象。

她將同事、上司和公司當成目標，並且用各種抱怨來對抗他們，之後甚至還採取法律行動。這是「全有或全無」的思考方式嗎？她對所有事情似乎只有一種解釋：人們企圖對她不利或阻擋她的事業發展。這是不受控制的情緒嗎？她似乎讓感覺支配她的思考，所以當她感覺其他人在傷害她時，就深信不疑。有做出極端行為嗎？不斷毫無根據地控訴這麼多人，似乎符合了極端的行為模式。百分之九十的人會提出這麼多抱怨，完全沒想過自己的感覺是否也是問題的部分根源嗎？大部分人會覺得尷尬，懷疑自己是不是反應過度；或者找新工作以逃離充滿敵意的工作環境；或者將恐懼藏在心裡，避免情況惡化，好保住原有的工作。這樣看來，莫妮卡是高衝突人格嗎？幾乎可以確定是。

辨識妄想型高衝突人格

當周圍有妄想型人格障礙者的時候，你未必會發現。因為他們一般來說不信任其他人，通常會把憂慮藏在心裡。然而也有些高衝突人格者會因為行動而自我暴露，你可能會因為直覺、聽說和他們有關的奇怪故事，或從他們符合負面行為模式的行動中發現警訊。

所以如果這種人格障礙較難辨認，你該多加注意哪些線索呢？以下是WEB法則：

言語：他們會把在你看來很普通的正常人，說成完全不值得信任的人嗎？會用極端的用詞去敘述其他人的意圖或過往的行為嗎？（「你知道不能信任某某某嗎？為什麼？我就是知道。」「你看到那邊那個彼得了嗎？他想搶你的工作，要小心他。」）如果你自身的經驗和這些言論完全不符，那就是警訊了。

問題在於，有時這種輕微的妄想可能是好事，可以警告你某個人或許真的具有危險性。所以你必須小心，不要完全或太快忽略別人的恐懼，如果有辦法的話，盡量先查證事實。再來是注意他們看待相同情況時，是否使用了比你極端許多的言詞。

情緒：你在他們身邊有什麼感覺？有時候，我們在妄想型高衝突人格者身邊會感到有點不自在，因為在我們看來平常的情況中，他們的回應會顯得很突兀或不適當。（「我真的很怕那個某某某，你可以看得出來，他只要有機會一定會害你。」

「我敢確定佛瑞妲一定跟老闆有染，你注意到她看他的樣子了嗎？她再來搞不好會升官。」）或者明明沒怎樣，他們也會硬要你把某人或某事視為威脅，造成很大的壓力。別忘了，這樣的狀況也可能發生在任何關係或友誼中，所以你要注意的是固定「模式」，而不是偶發的獨立事件。

他們是否會在大家都表現得很正常的情境中，顯露出害怕的反應？你處在他們身邊時可能會感到害怕，因為妄想型人格障礙者時不時處於緊張狀態，也會想要逼你一起對旁人做出過度反應。就像反社會高衝突人格者一樣，我們在妄想型高衝突人格身邊可能也會覺得害怕，因為他們會希望我們採取我們並不認同的極端行動。

行為：許多有妄想的人會直接避開其他人或衝突的狀況，但妄想型高衝突人格者常常會與人直接衝突，因為他們感覺受到威脅或不受尊重。多疑的高衝突人格者會有怪罪對象，有時還會為了自我保護而發動攻擊。

他們採取的行為，是百分之九十的人會做的嗎？像是控訴同事偷自己的筆記本、在午餐裡下毒，或發送威脅信？這很難判別，因為偶爾可能真的有危險存在。你還是要記住關鍵在於，找出是否有固定的模式，並且親自去確認事實真相。

拉西特的案例是個很好的例子，說明妄想有可能造成多大的危險，百分之九十的人不會用這樣的高度備戰狀態對待鄰居。一旦有這種程度的極端行為發生，幾乎就能確定未來會再度發生——而且下一次說不定會真的發生悲劇。

在工作場合上，有些人也會以奇怪的行為模式來應對自己的恐懼。如果有員工說自己的錢包被偷，就算看來可能性極低，但這番言論仍可能是真的，也有可能是妄想，你不該妄下定論。不過當有人說自己身上不斷發生很多壞事，但同樣的狀況從未發生在其他人身上，或者事後證明是子虛烏有，那就很可能是妄想的行為模式，應該謹慎看待這樣的警訊。否則的話，你可能在無意中成為他們下一個責怪目標。

避開妄想型高衝突人格

你已經知道這種類型的警訊，也知道要從表面上正確辨識出來的困難度有多高，現在你需要一套工具將這些瑣碎的資訊——反覆出現的過度恐懼或對正常事件的過度反應——拼湊在一起。

如果你確信對方有過度恐懼或不信任人的狀況，就要在情感上與他們保持距離，不要「過分投入」在他們的故事或藉口上。你可以實事求是地告訴他們，他們說的話聽起來「不尋常」、「很嚇人」或「真的應該要小心」。不要試圖說服他們是搞錯狀況、反應過度或瘋了，這會增加他們對你的恐懼。一旦被妄想型人格障礙者視為目標，他們就會開始不信任你，還可能認為必須先傷害你來自我保護。

有部分高衝突人格者會以激烈的「敵我對抗」思考方式，將妄想型人格障礙投射在政治、宗教或文化團體身上。這些團體的領袖和成員在談論到組織外的人時，發言必須非常小心。他們的言論可能會被誤讀，或者強化高衝突人格者的妄想，甚至被解讀成傷害其他團體的許可。

基於類似的理由，你也要避免介入高衝突人格者因為自覺被傷害，而準備傷害他人的計畫。如果他們想尋求公平正義、保護或者想復仇，你可以鼓勵他們去找專業人士協助，像是律師、心理治療師或警察。否則，你參一腳的結果可能是傷害到一個無辜的人，他只不過是妄想型高衝突人格者的怪罪對象罷了。

對付妄想型高衝突人格者

就和對付其他高衝突人格者一樣，利用CARS法則的步驟與他進行互動：連結、分析、回應、設下界線。我們可以試想一下喬該如何處理莫妮卡的狀況。

連結：雖然與其他高衝突人格者打交道時，連結通常是第一步驟，但具有妄想型人格障礙的高衝突人格者可能會因為你努力表現友善而感覺備受威脅。如果他們已經對你下了定論，你還試圖以同理心、關心和尊重來讓他們冷靜，可能會適得其反。我建議先用這樣的話先試試水溫：「我知道你現在一定很緊張。」如果對方沒興趣和你打交道的話，就不要花太多時間試圖和他產生連結。

無論如何，當你試圖讓妄想型人格障礙者冷靜下來的時候，不要去質疑他們恐懼的感覺，也不要附和那些懷疑可能是真的，這樣反而會強化妄想。你可以說：「我不可能知道到底發生什麼事，因為我不在場。」這樣既不質疑也不肯定他們對事件的妄想解讀，才能讓對話保持中立。

在前面的例子中，喬告訴莫妮卡，他很遺憾看到她要轉到別的部門，結果她的解讀是非常負面的，以為他要阻擋自己的升遷。在這種狀況中，喬並沒有太多連結的工作可做，因此大可直接進入下一個步驟「分析」。

分析：一般來說，最好直接把重點放在分析妄想型人格障礙者可有的選項。如果你面對的是一個妄想型高衝突人格者，但你本身並非（或還不是）他的怪罪目標，可以試著給予協助：「聽起來真的讓人壓力很大。當時我不在場，所以讓我們來看看你在這種狀況下有什麼選擇。」

在喬的例子中，當莫妮卡向他提起奇怪的郵件、不見的錢包和跟蹤她的客戶時，他可以說：「這很不尋常，但事情總是有很多種可能的解釋。或許有人把錢包誤認成自己的，或者你可能隨手把它遺留在那邊，也可能是清潔人員把錢包移到那裡的。」話說到此就可以了，這樣會比只簡短地回應「牽強附會」和「不要亂想」稍微好一點。不過要是你和他們的關係是比較穩固的，譬如兩人共事更久一些，或者是受到信賴的親友的話，簡短的說法應該也沒有問題。

在我的經驗裡，說事情「不尋常」，對有妄想的人來說不是太有威脅感，而且也不會加強他們的負面思考。這或許能讓他們思考事情是否有其他可能的解釋（但也可能無效）。在莫妮卡的狀況裡，這樣的說法代表喬不準備對她的妄想推波助瀾。

回應錯誤訊息：如果某人已表現出妄想的症狀，要避免試圖說服他們不要害怕——這只會讓他們對你更加懷疑，因為這是在挑戰他們的觀點。他們這輩子都聽到其他人這樣說，所以對此會非常敏感。相反地，你應該簡短地告知，你所聽到的狀況是另一種說法，但注意別要求他接受。

我建議喬在這種時候可以說：「這很不尋常。事情總是有很多種可能的解釋，我們永遠不會知道。」這樣是很好的 BIFF 回應法，讓喬可以表達不認同，又不會太過防衛，或導致莫妮卡更加自我防衛。

設下界線：無論你是被當成中立的角色，或已經被妄想型高衝突人格者視為怪罪目標，都要試著用友善的態度說明規矩來設定界線——界線是你們關係的外在防線。說明的時候儘量不要牽扯到個人身上，你可以說：「我看得出來你很挫折，但這就是規矩，每個人都得遵守。」「我了解你的意思，但如果沒辦法證明這是事實，我們就不能進行追查。」

最重要的是，避免透過直接批評妄想型高衝突人格者，來藉此激勵他們改變。他們已經很多疑了，防衛心也越來越重，這樣的說法他們聽不出來你是想幫忙，只會覺得你在挑戰他們。

喬以不強化莫妮卡對於郵件、錢包、被客戶跟蹤的妄想，來設下界線。他還說了：「不要亂想。」其實如果語氣得當的話，這也不失為一個很好的回應方法。最終他也開除了莫妮卡，這其實也是適當的處置，但我不建議他直接告訴莫妮卡說她毀了工作團隊，這可能導致了她後來提出控告。比較好的說法是：「我們的工作風格不同。我祝你順利，希望你找到一份適合的好工作，達成事業目標。」這種說法會讓他的決定聽起來中性而正面，可能也會讓莫妮卡不那麼覺得自己是個受害者。

遠離妄想型高衝突人格者

脫離與妄想型高衝突人格者的關係，一定要處理得十分小心、和緩。如果可能的話，盡量用漸進的方式（除非狀況有立即的危險性），這樣才不會引起他們強烈的反彈。此外，也要避免把直接批評當成退出關係的方法，不要責怪對方，也不要責怪自己。

你可以說：你的時間安排可能有了變化；你有其他責任要承擔；你們以往常見面，但現在你沒空了——這些聽起來或許像是騙人的藉口，但你生活中的優先順序本來就會隨時間改變，這是符合現實常理的。殘忍的實話對百分之八十的人來說都行得通（但殘忍的部分通常不太必要），不過用在妄想型高衝突人格者身上是絕對不行的。

對高衝突人格者（尤其是妄想型高衝突人格者）來說，未經美化的實話就和宣戰一樣。會讓他們用強烈的手段重回你的生活，將你逼到原本可避免的極端處境，例如：跟蹤你，或為了自我保護而散佈你的不實謠言。我三不五時會接到諮詢個案，想要修補與家人、鄰居、同事之間的關係，但他們都曾過於誠實地回應這些妄想者，導致情況越來越糟，大家都很不好過。這些妄想者會拒絕跟「討人厭」的家人說話、陷害某個「討人厭」的同事，或者丟垃圾到「討人厭」的鄰居家院子。使用ＣＡＲＳ法則的步驟，才是離開妄想型人格者最安全、最低衝突的方法。

最後提醒

有妄想型人格障礙的高衝突人格者，有點像是流沙。你許多的直覺反應都可能引起他們的不信任，將你更進一步拉進衝突中。如果你能注意說話用詞，或許就能和妄想型高衝突人格者保持適當的關係，既不會太靠近他們所感受到的麻煩，也不會顯得太具威脅性。有妄想型人格特徵的人分布很廣，你若想與他們其中一些人保持剛剛好的關係，又不至於引起太多衝突，只要照著本章中的大原則做，絕對是可行的。

第八章

「戲劇化控訴」類型

我們要討論的最後一種高衝突人格，是戲劇型人格障礙。這種高衝突人格是因為害怕被忽略所造成的，他們會很渴望成為注意力的焦點，因此有時也會編造有關怪罪對象的誇張故事四處散佈。

美國健康研究中心對於人格障礙的主要研究發現，美國平均人口中有百分之一點八的人患有此疾病。[1]這在北美地區大約是六百萬人。雖然這數字相較其他高衝突人格障礙者要少，但其實有很多人只具有部分戲劇型人格的特徵，還不到生病的程度，因此你在生活中碰上這類型人格的機會比預期的多。具有此類人格障礙的人很多都是高衝突人格者，他們會忍不住想告訴其他人狀況有多糟，而且話題通常都圍繞在特定的怪罪對象身上。

起初，這種人格障礙是與女性相關連。戲劇型（histrionic）這個詞可以連結到「歇斯底里」（hysteria），那是佛洛依德在百年前鑑別為女性獨有的一種情緒障礙。不過現在這觀點已經被證明是錯的，美國健康研究中心的研究發現，這種疾病在男性和女性身上都會出現。事實上，根據研究顯示，戲劇型人格障礙者有百分之五十一是男性，百分之四十九是女性。[2]

情緒會互相感染，而戲劇型高衝突人格者擁有很高的情緒強度。也就是說，很多人會在強烈情緒的渲染下，不知不覺中接受戲劇型高衝突人格者的故事，就算他們的說詞是空穴來風也一樣。諷刺的是，他們的情緒強度最終會把旁人都推遠，結果他們原本企圖解決「不想感覺被忽略」的問題，反而更惡化了。在他們的看來，人們總是不斷用逃離的方式來「跟他們作對」。

關於戲劇型高衝突人格

這類高衝突人格者說話時經常會用誇張、「全有或全無」的偏激詞彙。雖然他們有時也會準確地描繪一些事件，但許多故事都會過份誇大，或是完全沒有事實根據。如果你是戲劇型高衝突人格者的怪罪對象的話，要面對的就是各種公開指責、你如何欺凌他們的狗血故事，還會有許多人根據這些錯誤資訊來評斷你。

戲劇型高衝突人格者會將自己是「無助受害者」的原因，歸咎給怪罪對象，這樣他們就有合理藉口繼續保持無辜無助，找到其他能照顧、解決他們問題的人。他們在尋求他人幫助時，是非常有說服力的。

除了高衝突人格者的四個主要特徵外，第五版《精神疾病診斷與統計手冊》還列出了戲劇型人格障礙的八個特徵。[3]其中許多戲劇型高衝突人格者也具備的重要特質是：

- 希望成為關注焦點
- 戲劇化的言論，通常缺乏細節，只有誇張的情緒。
- 對關係的錯誤判斷，以為其他人比實際上更在乎自己。

這些特質對於一個自覺被忽略的小孩來說可能是好的，除非他利用誇張的情緒造成麻煩。當有人需要吸引大批人關注時，這些特質可能也有幫助，例如在危急時刻，這樣的人可以迅速抓住大家的注意力，集中心力共同解決問題。有人說，很多電影明星、搖滾歌手和其他公開表演者都有這種人格特質，但不至於到人格障礙的程度。他們很擅長利用操弄情緒，來抓住我們的注意力。

不過，當這些特質變成一種功能失調的行為模式時，就會很惹人厭，會讓大家跑得遠遠的。在現代社會的關係中，這樣的行為非常可能弄巧成拙，導致丟工作，或失去朋友和婚姻。當然，如果這人是戲劇型高衝突人格者，而你指出他的行為會帶來不利的後果，他就會將受傷害的責任怪罪在你頭上，而且措詞會誇張到讓旁人信以為真。這些人就會變成他們的「負面擁護者」，會代替他們去攻擊怪罪對象。（下一章會有更多關於負面擁護者的討論。）

身為律師，我曾在好幾件案例中看過這樣的情況，他們會企圖說服法官或評審團是其他人有「不當行為」，但實際上並沒有那回事，或者輕微到根本稱不上法律問題。不幸的是，有時候法官或陪審團會被說服，同意要不是其他人真的造成了傷害，他們「就不會那麼心煩意亂」。但事實上，對那些戲劇型人格障礙者來說，「心煩意亂」根本是家常便飯。如果後來證實有人因此被誤判刑責或是名譽受損的話，案例常會登上新聞版面。

不過還是別忘了，高衝突人格者也有可能是真的遭受傷害。所以最好的方法是不要隨便假設，並忽略那些誇張的情緒，靠你自己去分析事情的真正狀況。

戲劇型高衝突人格者的兩種表現風格

戲劇型高衝突人格者之間的差異很大。有些人是高功能型的，擁有很好的工作。這類高功能型的人正是靠著「戲劇化」來賺錢，像是演員、名人和其他能吸引大量關注的職業。另外，也有部分人是屬於低功能型的，可能無法工作，甚至無法撫養自己的小孩。

下面的兩個例子，代表的分別是相對高功能型的戲劇型高衝突人格者，和非常低功能的戲劇型高衝突人格者。

歇斯底里的母親

在本書一開始，我們看過艾咪和她的母親娜婷的故事。

艾咪的母親眼底滿是怒火，指著艾咪大吼說：「你爸就是你害死的！其他人不知道，但我很清楚！」她開始啜泣，但絲毫沒有降低音量。「他一心只想要你進家族事業工作，但你這自私的孩子卻硬要自己創什麼業，傷透他的心。你明明曉得他少了你做不下去。」

這場景發生在她父親葬禮的隔天。一星期前，艾咪一得知父親心臟病發，便立刻搭飛機趕回家，可惜等她抵達醫院時已經太遲，他在幾小時前在妻子的陪伴下離開人世。艾咪的母親娜婷向來對事情的反應都非常誇張，那天稍晚的時候，她又突然開始痛哭：「未來你會照顧我吧？還是會像拋棄爸爸一樣，也對我不聞不問？」

娜婷一直以來都很依賴艾咪，好像艾咪是媽媽，娜婷才是女兒。艾咪將自己的悲傷先放到一邊（她多希望過世的是母親，不是父親），這時她才意識到現在必須獨自一人應付母親了。

她研究過一些關於難相處的人的資料，得出的結論是她母親有戲劇型人格障礙。她決定該是告訴她，讓她尋求專業協助的時候了，艾咪知道自己沒辦法獨自應付母親。

「媽，冷靜一點！」艾咪吼著回她：「我沒有拋棄爸爸，是你有人格障礙的問題，所以才會有這種想法。你需要先找專業人士幫忙，這樣我才有辦法幫你。你老是曲解事情，情況根本沒你想得那麼壞。還有拜託不要再說是我害死老爸了，他是心臟病發！就算沒有你在旁邊發神經，事情也已經夠糟了。」

「你怎麼可以這樣說自己的媽媽！」娜婷驚叫：「你是個糟糕的女兒，我再也不要跟你說話了！滾回你自己家去，從現在起，你對我來說也等於死了。你走，現在就走！」

娜婷邊哭邊往外走，艾咪則說：「媽，別這麼荒謬好不好！」

「我說真的，我是認真的。」說著她突然抓住胸口：「不，我要心臟病發了，快打一一九叫救護車。我得到醫院去，然後你就可以走了！」

艾咪覺得母親又反應過度了，但不想冒風險讓她也因為心臟病發過世，因此叫了救護車。她決定再也不跟母親提起人格障礙的事了。

請記得，絕對、絕對不要告訴任何人他們有人格障礙。如果他們真的有，這只會增強防衛心和負面行為，不會讓他們看清自己；就算沒有，他們的態度也很可能變得防衛，並怒氣沖沖地與你保持距離。這課題很難，但會讓你省去很多麻煩。娜婷把艾咪說她有人格障礙當成是批評，隨即就有了健康上的危機（至少她是這麼覺得）。日後，她可能每次抱怨起不肖女兒時，就會一再提起這件事，也或者會絕口不提悶在心裡，但對女兒的怨恨日益加深。

等她們到醫院後（艾咪自行駕車跟去），娜婷被推進急診室，緊急進行了好幾項醫療措施。雖然她在救護車上曾經因為心跳過快而昏了過去，但確診出來並不是心臟病發。

娜婷是典型的戲劇型高衝突人格者。艾咪就是她慣常的怪罪對象，但除此之外，她也會怪罪到其他人身上，例如救護車駕駛和救護車公司。她會用「全有或全無」的極端詞彙來解釋事情，像是「我再也不要見到你」；而當她感覺情緒失控時，就是認為突然間「心臟病發」。

她會經常性地誇張反應，情緒表現表面化（來得急也去得快），也會要求關注。你或許也注意到了，她當然沒有停止和艾咪說話。她對艾咪的拒絕，只是一種衝動、誇張的聲明，並非真正的立場或決定。

當然，這類人格障礙者也和一般人一樣，會罹患其他的疾病，所以不能把他們的健康問題都貿然當成謊言。這也是艾咪的處置方法，雖然結果證明，一如她所懷疑的，娜婷並沒有心臟病發。

幾小時後，娜婷跟艾咪談起救護車上的狀況時，她說：「我覺得我在救護車上昏迷時被強暴了。我有被人暴力對待的感覺，我要跟律師談一下，我打算控告救護車公司。」

曾有醫院的工作人員告訴我，戲劇型人格障礙者對他們來說可能是最常見的人格障礙者，尤其是那些沒事就喜歡跑醫院的人。據我聽到的消息，至少有一家救護車公司曾被確診是戲劇型人格障礙的病患，控告在救護車上發生強暴，但此事根本沒有發生。如果你是醫護人員，或許就曾遇過這種病人。

評論

你覺得娜婷是戲劇型高衝突人格者嗎？可能性看來很高，但並不是那麼重要。艾咪最有效的作法，應該是在辨識出人格障礙的可能性之後，尋求專業協助來處理母親的問題。但她直接告訴娜婷可能有人格障礙，是個很大的錯誤。

如果她只是設法遠離娜婷，娜婷會繼續用各種戲劇化的問題將她拉回來。再說，娜婷是她母親，艾咪無論如何還是會想幫助她。重點是要記得，有人格障礙的人會感覺無助、脆弱，自認為是受害者，尤其戲劇型人格障礙者更是如此，他們會情緒化、誇張地訴說生命是如何待他們不公，當成一種過度的補償。

但艾咪必須學習如何用理性的方法幫助她，這樣才能保有自己的生活，不致於淪為母親的看護人。她應該先去找醫院裡的社工人員，他們曉得有哪些資源和日常協助計畫適合她母親這樣的人。

喪失親權

有些人格障礙過於嚴重的人，可能在孩子還小的情況下就喪失親權。在接下來的真實法律案件中，一位有戲劇型人格障礙的母親，經法院認定她有極端負面行為模式後，喪失了六個小孩的親權。

為這位母親進行確診的，是一位合格的心理評鑑師——畢斯理太太。她後來在法庭上作證，這位母親沒有按照法院要求的步驟改正自己的負面行為，因此無法恢復她對六個孩子的監護權。

下文摘錄自法庭記錄，來自對第六個小孩卡靈頓的親權裁定案：

根據門診訪視及母親的測驗結果，畢斯理太太的結論是，這位母親洞察力和控制衝動的能力不足，並有劇烈的情緒擺盪。畢斯理太太認為，這位母親患有創傷後壓力症候群，導因於凌虐關係，以及與創傷相關的焦慮和夢魘，同時也發現，她有濫用藥物的歷史及Axis二級的戲劇型人格障礙症狀。根據畢斯理太太的解釋，其特徵是強烈不穩定的人際關係、戲劇化的行為以及被關注的需要，並造成誇大、尋求注意、快速的情緒變化、易受騙、倉促做出決定和企圖自殺等後果。畢斯理太太解釋，和所有人格障礙一樣，戲劇型人格障礙是一種長期、根深蒂固的人格特質，「非常、非常、非常難以治療」。畢斯理太太認為，母親的戲劇型人格障礙已經變成「她的內在和運作上難以拔除的一部分，而且人格障礙是沒有藥物可以治療的，雖然在憂鬱症發作時可能有減緩的作用。」[4]

這位母親有六個孩子，最小的一個誕生於二〇〇四年。二〇〇五年時，這些孩子被判定要搬出她的住處，主要是因為她對孩子嚴重忽略，並有身體傷害和性虐待的狀況，此外母親也有藥物濫用的問題。當時她還擁有探視權，但在二〇〇七年後，她只能在孩子想和她見面時去看他們，但他們從來不曾提出這樣的要求。若要恢復監護權，她被要求必須做到：

1. 停止否認性虐待的事實，並在口頭上予以確認，或以書面方式向專業諮商師報備。

2.與自己的治療人員及孩子的治療人員合作，確保能維持適當的界線，並且了解和考慮到親子疏離的可能性。

3.確保孩子身邊不可出現不適當的性愛用品、書籍、雜誌、照片和影片。

4.提供乾淨不髒亂的居家環境，並為孩子提供足夠的空間和家具。

5.提供兒童事務局（DCS）連續六個月的房租及生活用品支出收據，以證明財務狀況的穩定性。

6.提供足以支付家庭所需的合法收入證明。這位母親必須在二〇一二年一月前達成以上的目標。[5]

這位母親雖然進行了藥物治療，但她處理情緒和相關行為的能力仍然沒有改善。她不願承認孩子們曾遭受身體暴力和性凌虐，以及自己對他們的忽略。她無法證明自己能為孩子提供足夠的空間和床位。二〇一三年的時候，法院舉辦了聽證會，決定是否要終止她的親權。以下是更多法庭紀錄：

> 畢斯理太的結論是，從二〇〇九年的評估之後，這位母親的情緒、憂鬱、憤怒，或處理這些相關問題的方法，改變甚微。[6]
>
> 母親的心理洞察力很弱。她的防衛心很重，不願意進行任何自我探索。除此之外，她也無動力改變自己的行為，因為她將自身的狀況歸咎到他人身上，必須進行長期的治療，母親的人格才有可能有實質性的改變。不過，與她狀況類似的個體經常會匆匆終止治療。在此階段，母親的身體及情緒都無法提供她的六個小孩安全的照顧。從二〇〇五年至今的治療，已證實無法對她的心理功能失調提供長期的改善。[7]

有高衝突人格障礙的人註定會卡在自己的生命困境裡，因為他們看不到自己能夠如何改變。很不幸的，這位母親就是看不見其他人認為她能改變的地方，如同證詞裡說的：「她的防衛心很重，不願意進行任何自我探索……她也無動力改變自己的行為，因為她將自身的狀況歸咎到他人身上。」

這樣的思考方式可能源自於她的成長環境，也可能是天生的特質，或兩者皆是。記錄裡提到她因為長期的凌虐關係而擁有創傷後壓力症候群，但是法院提供許多次機會，給了她許多年的時間去努力，她並沒有辦到。

青少年法庭發現，兒童事務局付出「不僅是合理，而是巨大的努力」去矯正這個狀況，並在多年的時間內提供孩子與雙親各種協助。[8]

在結辯時，卡靈頓的訴訟監護人形容，這在他們與相關律師所處理的案例中，「或許是最可悲」的一個。因此，基於「這母親必須花一生的時間處理她的戲劇型人格障礙和其他所有悲哀的問題」[9]，他要求青少年法庭終止這母親的親權。

評論

這的確是個悲哀的案例，顯示了要改變或影響人格障礙者有多麼困難。我們不知道這位母親的過往故事，但許多類似的情況，往往是一代傳一代地擴展開來。這位母親同時也有藥物濫用的問題，這在高衝突的人格障礙者身上比較常見。當高衝突人格者發現用會惹麻煩的方式過日子，是行不通的時候，常會轉而利用藥物來處理他們的不安。不幸的，自行用藥只會加深他們與孩子間的關係所帶來的壓力。

悲劇在於，這些母親們長年來困在自己戲劇化和怪罪他人的行為中，導致孩子們缺乏穩定的環境（在寄養家庭之間搬來移去）。我的意思並非所有這種人格障礙者都應該失去親權，而是要強調將孩子帶離他們身邊是有正當性的，因為人格障礙者的極端行為不太可能改變。

這就是為什麼許多保護機構和法庭會要求當事人在一年內做出行為上的重大改變，而不是拖上好幾年（在這個案例中，幾乎長達九年），這樣孩子才可能有機會被收養，往後在健康的家庭中長大。

辨識戲劇型高衝突人格者

只要你知道該尋找哪些跡象的話，戲劇型高衝突人格者通常很容易辨識。他們非常誇張，很容易被誤認為是因為處在極度不安的情況下，所以才有情緒化的反應。但他們的誇張行為是習慣性的，這些反應是來自於內在的不安，而非真實、外在的事件。所以你要找出到底是什麼引起他們的誇張反應。如果他們的情緒似乎和眼前狀況不成比例，而且是經常性地發生，那麼你面對的或許就是「戲劇型人格障礙者」。如果他們還會誇張地將事情歸咎在別人頭上，那就可能是「戲劇型高衝突人格者」。以下是我們運用WEB法則的分析內容，告訴你該如何進行快速的辨識。

言語：他們使用的詞彙通常比一般人來得極端。戲劇型高衝突人格者會使用大量「全有或全無」的說法來形容看來正常的狀況，他們會逕行跳到一般人不會得出的結論，「誇張」才是他們根本的目的。

但不要只注意到他們說的話，還要看說話時是不是用過度情緒化的語氣，這通常會對聽者造成很大的壓力（「你一定要了解這事有多可怕！」）。有時話裡會表現出過度的私密性（跟你咬耳朵：「有沒有聽說某某可能會因為上星期說的話被炒魷魚？你別跟其他人說。」）。諷刺的是，他們事實上會把這個「秘密」以戲劇化和心照不宣的用詞告訴所有人。

如果這人是戲劇型高衝突人格者，這些話可能在無意中——或甚至有意地——

散佈開來，造成某人真的被開除。這樣的人格會讓他們常常自覺是受害者，因此不斷從四周尋找是誰導致他們這種感覺（但那實際上是出自內心），然後發現到處都是怪罪目標。

情緒：一般人會有衝動想逃離與戲劇型高衝突人格者的對話，是很常見的感覺（遇上戲劇型人格障礙者通常也會），他們的情緒太過強烈，會讓很多人在共處時感覺受到過度刺激和情緒精疲力竭。但你會發現，要逃離他們和那些誇張故事不是件容易的事，因為戲劇型高衝突人格者極度渴望得到關注，所以會拒絕讓你結束對話離開。如果你是個有禮貌的人，在感知對方處於不安的狀態下，會不好意思躲開、忽視他們。但你可能並不知道，戲劇型高衝突人格者其實是經常性地處於不安的狀態，而且通常只是為了百分之九十的人不會在意、更別說不安的小事。

行為：他們的行為經常顯得誇張或戲劇化，但未必會立即顯露出負面特質。別忘了，這類人的肢體動作或說話方式可能是很有魅力的，很懂得如何將焦點拉到自己身上以及吸引觀眾。

戲劇型高衝突人格者容易將自己的不安情緒，怪罪到生活周遭某個特定的人身上。他們會不斷試圖讓這個怪罪目標陷入麻煩，最常利用的是傳播謠言，這樣如果受到指責就比較能找出推託之詞予以否認，例如：「我沒有說他要被炒魷魚，我說的是聽到別人這樣說。別人是誰？這我不能說。」

通常可能壓根沒人這樣說過，但戲劇型高衝突人格者對於扭曲真相不會有絲毫的不自在，因為他們多半是憑印象行事，而非事實。

在我與他們接觸的經驗裡，許多戲劇型高衝突人格者覺得老天簡直把他們當成「針包」，每一件小事（以他們的邏輯來看，就是針）都感覺像是嚴重的創傷。所以他們常過度反應，並且覺得要把事情讓所有人都知道，然而百分之九十的人碰上同樣的事反應都不會這麼大，或根本不會有反應。可能正是這種對枝微末節過度反應的傾向，促使他們忍不住破壞同事、夥伴的名譽。

對他們來說，大部分的事都嚴重的不得了，因此每件小事都要告訴其他所有人，這造成他們比其他高衝突人格者更容易毀人名譽。

避開戲劇型高衝突人格者

戲劇型高衝突人格者的誇張行徑，常常比較容易及早辨識，也因此比其他高衝突人格者容易避開。你只需要注意，他們情緒化的反應和誇張的言詞，相較於事件本身會顯得異常偏激，因此盡量不要「過度關注」他們的誇張言行。如果你知道某個戲劇型高衝突人格者會對某件事過度反應，下次發生同樣的狀況時，只要實事求是地說你覺得他的論點「很有趣」，然後試著轉換話題就好。如果他不斷試圖想讓你加入討論，就告訴他你有事要忙，接著立刻離開。

避免拖延逗留，否則等於給他們機會準備另一個誇張的故事或情緒化的長篇大論。這樣做勢必會讓你覺得有點不禮貌，但你要知道，無止盡地聽他們說故事對這些人並沒有幫助。說故事無法讓他們放鬆，只會為了尋求放鬆不斷向任何願意聽的人一遍又一遍重複。真正能讓他們感覺好過的方法，是專注在一項能完成的任務上，而不是徒勞無功地企圖卸下自己不安的情緒（這樣只會讓他們不斷接觸到那些未解決的不安情緒）。

大部分人將心中煩惱一吐為快後會繼續前進，但所有高衝突人格者——尤其是戲劇型高衝突人格者——的療傷方法卻大不相同。最好別和他們的不安情緒牽扯太深，否則有可能加重他們的問題。

對付戲劇型高衝突人格者

如果你無法完全避開戲劇型高衝突人格者——譬如說，必須和他們共事或住在一起，別忘了在互動時使用CARS法則。

連結：用同理心、關心和尊重的態度，傾聽一段適當的時間（最多五到十分鐘），讓對方知道你是有同理心的，你可以說些類似「聽起來真不容易」的話。如果你必須和他共事或討論某項議題的話，那就再增加一個分析的步驟，來抓住他的注意力：「好，我今天能幫到你的是，討論某某議題，或者和你一起進行接下來的任務。」

分析：試著提供他們某個選項，引導他們脫離戲劇化狀態，如果他們很情緒化，你可以提供下列的選項：

A.「你現在想做這件事嗎？」

B.「還是我們應該改天再碰面？」

這樣能迫使他們專注在兩個選項上，無論哪一個都不會過度情緒化，你不需要讓自己被拉進誇張的情緒中。雖然可能有點不禮貌，但你可以帶著同情心和尊重，以實事求是的方法提出詢問。對於只提供兩種選擇，你或許需要果斷自信一點，別卡在那裡繼續聽他們誇張的言論，如果你已經像上述一樣提出選項，而他們仍持續反應過度的話，不妨這樣說：「我看得出來那件事一定造成你很大的不安。現在我得走了，晚點再和你聊，再見。」然後逕行離開。

回應敵意或錯誤訊息：如果這人對你有敵意，試試用另一種選擇法：「如果你決定繼續這樣跟我說話，那我就必須停止這段對話，決定權在你。」這種方法在電話裡特別好用，而你在說完上述那句話後，要接著說：「我要掛電話了，等你想冷靜地一點談時，我們可以再聊聊，再見。」然後不管對方是否還在繼續說話，直接掛掉。

這樣感覺可能挺粗魯的，但要記得這是他們的「選擇」。如果你等他們告一段落才結束對話，搞不好已經過了好幾小時。

如果他們講的是錯誤的資訊，那就利用BIFF回應法，無論是寫信或面對面都適用。舉例來說，當他說你「從來不回我電話！」你可以這樣回應他：「我知道，因為我沒辦法每次都立刻回電，你可能感覺很挫折。我多半幾天內就會回電，如果我週間太忙的話，至少週末時會回。那現在，我們來談談下星期的計畫吧。」保持簡短、提供訊息、友善和堅定，然後迅速將高衝突人格者帶到下一個新的主題（「下星期的計畫」）。

面對戲劇型高衝突人格者的挑釁或誇張行徑，你以生氣或自我防衛來回應是沒有幫助的，通常只會強化他們誇張的行為和發言——無論是對你或你們都認識的人。

設下界線：你可以使用前面「回應」段落裡的建議來設定界線。除此之外，要向他們強調方針、規則和其他理由的好處，促使他們行事合宜。記得焦點要放在你「希望」他做什麼，而不是不希望他做什麼。你或許也可以解釋，他們照你的建議行事會帶來哪些正面結果，反之的話有哪些負面結果，例如：「請你說些某某某的正面消息就好了，聽到這麼多問題只會讓我沮喪而已。如果非要談他不可，我想聽一些讓人振奮的事，否則的話，我們還是聊別的。」「你和經理發生問題真的太糟糕了。現在，我只想專心討論你對於解決問題有哪些想法。」）

遠離戲劇型高衝突人格者

想要遠離戲劇型高衝突人格者，除了要做好充分準備之外，還需要「堅持」。舉例來說，前面提到艾咪想稍微和她的母親娜婷拉開關係距離。首先，她應該和律師、輔導員或諮商師討論，等準備好後，定出一個實際可行的計畫，最好是能長時間按部就班實施的計畫。

接下來，艾咪可以和諮商師練習該如何和母親說話。先由艾咪扮演她母親，諮商師扮演艾咪，然後再交換角色，讓艾咪扮演自己，練習對母親說話。他們可以在練習中猜測她母親會怎麼說，並預備最好和最壞的情況時該如何回應。

同時艾咪應該計畫好，對話要在何時、何地與何人進行。若你有家人或密友是高衝突人格者，對談最好能在諮商師的辦公室進行，並且請諮商師和其他正面擁護者（下一章中將提到）到場。

在這個案例中，艾咪還需要為母親制定照護計畫，為她未來無法獨立生活時做準備。如果她母親可能需要緊急醫療，或自認有緊急狀況，或許有必要為她安排支援系統（醫療警鈴、居家照護或新的生活環境）來提供協助，這樣娜婷就不會單單只依靠艾咪的幫助。

艾咪還要做好心理準備，因為娜婷勢必會強烈抗拒與她拉開距離。她必須保持冷靜，並且堅持貫徹自己的計畫，這實際做起來絕對比說的要困難得多，但有了萬全的準備加上外在的支持，一定可以成功。

最後提醒

如同我之前所說，相較於其他高衝突人格者，戲劇型高衝突人格者的人口比例比較少，不過其他高衝突人格障礙者也常表現出戲劇型的特徵。本章中的原則同樣適用於其他章中提到的高衝突人格者，尤其是邊緣型高衝突人格者。最關鍵的保護機制是，你要隨時準備好面對其他人強烈的情緒化鬧劇，這樣當你在陷入戲劇化的對話時，才能保持冷靜，專注在自己的目標上。

別忘了，戲劇型高衝突人格者可能會四處投訴你毀了他們的生活，尤其如果你是怪罪目標的話。你要對此有所準備，告知周遭的人你和某某某（但別提起這人有人格障礙或者是高衝突人格者）有一段「充滿麻煩的」人際關係，鼓勵他們若聽說任何與你和他們相關的傳聞，就直接聯絡你。當你有可能需要跟某個戲劇型高衝突人格者維持一段關係時，儘早遠離那些戲劇化的故事，以免被牽連其中。

第九章

對付（也有可能攻擊你的）負面擁護者

有些人對於高衝突人格者所散發的強烈恐懼、憤怒和魅力，有著情緒化的執迷，但他們通常不會深入探究高衝突人格者的狀況，便毫不質疑地接受這人的意見和情緒，這種人就是我所謂的「負面擁護者」（negative advocate）。[1]負面擁護者在情感上認同高衝突人格者的負面言論、情緒和行為，並努力想保護高衝突人格者不受「邪惡」的怪罪目標傷害——因此會以錯誤的方式幫助錯誤的人。

這對情況通常沒有幫助，反而會越變越糟——除了怪罪目標一定受到傷害外，高衝突人格者本身也往往身受其害。負面擁護者通常是家人、親近的朋友或專業人士（例如諮商師、牧師、律師等等），他們以為自己只不過在表達對高衝突人格者的支持罷了。

在很多方面，負面擁護者就像是吸毒或酗酒者的輔助者（enabler）和共同依賴者（codependents）一樣。這些人支持高衝突人格者，企圖在察覺到爭鬥時給予協助，因此強化了高衝突人格者功能失衡的行為、情緒和想法，使他們被困得更深。當心裡這些極端的感覺被強化，往往促使高衝突人格者的負面行為變得更激進，長期下來對他們反而造成傷害。然而，隨著被牽涉進來的人越來越多，負面擁護者最終還是會轉過頭來反對這個高衝突人格者。

當怪罪目標被負面擁護者強烈的反應程度嚇到時，常會不知所措，毫無招架之力。我希望能幫助你不被嚇住，並且在發現這種行為時立刻予以制止。

萬全的準備

如果你已經是高衝突人格者的怪罪目標，要準備好隨時對付他們的負面擁護者。有時候，負面擁護者會比高衝突人格者本人更精力旺盛，行為更負面，信譽也更好。一位高衝突人格者甚至可能擁有好幾個負面擁護者。

或遲或早，這些負面擁護者一定會出現在你的生活中，試圖說服你改變行為去適應高衝突人格者。或者，負面擁護者也會千方百計設法摧毀你的人生，散佈謠言、公開羞辱、提出訴訟、阻礙你的工作、傷害你的財務狀況，甚至採取暴力行動。基本上，他們做的事就和擁護的高衝突人格者一模一樣，只不過可能不只一個人。

了解負面擁護者，並為他們的行動和操縱手段做好準備，可以省去很多痛苦。

壓制負面擁護者的方法，基本上就是CARS法則中的「連結」和「回應」。重點在於給予他們正確的資訊，同時不要引起他們的憤怒和防衛心，相反地，要給他們同理心、關心和尊重，然後試著以BIFF回應法告知他們事實真相，例如說：「我知道你想幫助她，但你可能不曉得問題已經在上個月解決了。」「一般狀況下，你的提議會是個不錯的主意。但在這個特殊的案例中，只會增加而不是減少問題，原因有兩個……」

當然，要做到上面這一點的成功率不高，而且和特定的負面擁護者溝通有可能帶來危險。如果你和高衝突人格者有法律糾紛，不管採取任何行動都一定要先與你的律師討論，而且要遵循由你這方的法律專家所制定的所有規則。特定的負面擁護者有可能會作證對你不利，所以企圖與他們直接溝通可能會違法，進而讓你在官司裡屈居下風。

家人

大部分的負面擁護者幾乎都是家人，試圖想幫助自己的兒子、女兒、雙親或親戚。家人很容易成為負面擁護者，原因是他們往往相信自己的高衝突人格親人受到不公平的對待，而且相信這個高衝突人格者遭遇的麻煩和他自己所聲稱的一樣嚴重。因此他們會大力支持，不惜對抗自己的老闆、政府機關或甚至上法庭。

我曾經處理過一些案例，高衝突人格者在上法庭時，會帶著孩子、父母或五、六個親戚一起前來聲援，但通常當案子的細節逐漸清晰後，這些家人就不再出庭了。不過曾在某個案例中，有幾名負面擁護者異常忠誠，堅持不斷出庭。當那個高衝突人格者被判有罪時，這些出席的家人不滿法官的判決，竟然當庭對法官大吼大叫，最後被命令離開。他們寧願相信自己的親人，也不相信鐵錚錚的證據。

這個案例顯示了負面擁護者的三個主要特色：

1. 許多負面擁護者一旦決心支持高衝突人格親人，真實資訊對他們就沒有太大的影響，因為高衝突的情緒是極具感染力的，他們會變得和暴徒沒兩樣。不過也有許多負面擁護者並非家人，只是和那位高衝突人格者剛認識而已（同事、鄰居等等），這些人在得知較正確的資訊後，常常就會棄他而去。

2.負面擁護者通常不在乎公然露出醜態，因為他們太投入於支持高衝突人格者的戰鬥中。

3.在我的經驗中，大部分負面擁護者本身並沒有人格障礙，也不是高衝突人格，只是被誤導了。但的確也有些是有人格障礙的，由於人格障礙有時是家族性遺傳造成的，或許就能解釋為何前面提到的那個家庭會無法自制地朝法官吼叫，因為他們顯然也有情緒不受控制和極端行為的問題。大部分其他負面擁護者，像是同事或朋友，都不是高衝突人格者，只不過在情緒上受到引導或被告知了錯誤資訊，因此在得知事實真相後便能做出理性的反應。

朋友、鄰居和同事

許多非家人的負面擁護者，都是近期被某個情緒強烈的高衝突人格者所徵召來的。如果你是那個高衝突人格者的責怪目標，這類的負面擁護者便可能會挑釁你，要求你改變行為或離開，因為他們相信高衝突人格者才是受害者，需要他們的保護。但一旦他們有機會被冷靜地告知真相，會比家人類的擁護者更容易放下幫助此人的理由。

過去，我曾經幫一些屋主聯盟進行諮詢，解決會議上發生的高衝突行為。在其中一個案例裡，有兩三名成員是為了聲援另一位明顯是高衝突人格者的成員的抱怨而出席的。董事會的政策是，若有人抱怨會等到會議結束前才進行回應，以便聽完會員對所有議題的意見。但那位高衝突人格者與負面擁護者，在會議尚未結束前便大鬧起來，導致大家無法用正確的訊息來解決任何問題。

我建議董事會，只要有成員提出申訴，就立刻用相關訊息予以回應。正因為這個建議，他們才有辦法提供足夠的正確消息，於是後來的會議中，負面擁護者也不再聲援那個高衝突人格者。關鍵在於，提供負面擁護者正確的訊息，至少也要將訊息傳達給還未完全被吸引去支持高衝突人格者的成員。

配偶和室友也常會變成負面擁護者。他們可能吸收了高衝突人格者的強烈情緒，或只是想以贊同的方式來讓他冷靜下來（當然，長期下來這招是行不通的）。然後，這位高衝突人格者會希望配偶或室友在他對抗鄰居時，聲援自己。

舉例來說，高衝突人格者可能會拉著擁護者到鄰居門前，抱怨鄰居家的狗太吵、車子擋住車道，或是落葉飄到自己家來等問題。原本只需鄰居間一場閒聊便能解決的事，卻演變成高衝突人格者、鄰居以及雙方的擁護者之間的對抗大賽。過度自信的高衝突人格者怒火會迅速竄高，希望獲得配偶或室友的支持，而這些人迫於壓力也會接受。

於是配偶和室友便藉著扮演負面擁護者的角色，做為對高衝突人格者的支持（否則回家就有他們好看的），加入指責、吼叫等等負面行為。這種情況在鄰居間的爭端中屢見不鮮，如果你仔細觀察這些衝突，會發現至少有一位高衝突人格者參與其中，外加一位負面擁護者在煽風點火。最好的狀況是，他的配偶或室友能夠及時說：「你知道，你最好能和鄰居一對一友善地談談，不要讓他們覺得是一群黑道來叫囂圍攻。」

沒有人非做負面擁護者不可，但人的情緒是很容易被挑動的。如果高衝突人格者施壓要你加入戰爭，你要對情勢保持警醒，才能抗拒這股衝動。

如果你是被圍攻的那個人，你可以說明自己只想一對一討論，或者表明自己也需要另一個人在場。不過，要確定你找來的「隊友」不會也表現得像個負面擁護者（對事情妄加臆斷，操控對話等等），這樣只會讓事情更糟糕。你或許也能建議找一位合適的調停人來協助討論。

專業人士

在應付高衝突人格者時，最讓人訝異的情況是，專業人士變成負面擁護者的比例出奇的高。高衝突人格者在攻擊怪罪目標時，經常會尋求專業人士的幫助。

律師，想當然爾，是最符合這個目的的諮詢對象。大部分律師會很小心，謹守法律人的本分，遇到疑似高衝突人格者要求提起不合理的索賠訴訟時，會予以拒絕。不過，總還是有一些律師會變成高衝突人格者的負面擁護者，這些人可能向來傾向於做別人有力的擁護者，而且會在情感上受到操控（他自己甚至沒有意識到），致使他們的專業蒙受損失。有些人可能因為幫高衝突人格者做得太過分，違反了專業的倫理標準，因而受到公開的羞辱或法庭上的制裁（罰款）。

事實上，也有一些律師違反規則，不適當地去攻擊高衝突人格者的怪罪目標，卻僥倖逃過處罰。這些人或許本身也有高衝突人格和人格障礙，在每個行業中都有這樣的人存在，而訴訟的對抗過程絕對會吸引某些高衝突人格者入行，尤其是喜歡炫耀、表現得比其他人都優越的自戀型高衝突人格者。藉由懲戒和規則去控制這些高衝突人格律師，成效其實有限，除非是能造成他們專業上的嚴重損失，像是停職或剝奪律師資格等等，才有嚇阻效果。

如果你是身處訴訟官司中的怪罪目標，必須做好準備，對方的律師有可能是個負面擁護者──無論他是因為情感受操控，或者本身也是高衝突人格者。基本上，在高衝突人格者與其律師攻擊性十足地陳述意見和訴諸情感時，你必須盡可能堅定、自信地傳達出正確的訊息。僱用一位能基於事實進行理性辯論，而不是用威嚇、怪罪伎倆的律師，也比較有幫助。當你必須獨自面對法官時，保持冷靜，將注意力放在法官身上，平靜地解釋事實經過，別去理會對方或對方律師的情緒。

高衝突人格者也會尋找心理諮商師，來當他們的負面擁護者。雖然大部分的諮商師都會嚴守份際，不會被患者的強烈情緒拉著跑，但還是有些諮商師會上鉤，踰越專業角色的界線。身為一名治療師，我看過太多這樣的案例。

在某些案例中，他們會寫信或上法庭作證，在家庭紛爭中（例如離婚）袒護某一方，或在人身傷害的案件中為自己的病患出頭。另外還有一些案例是，治療師與自己的病患在情感上有強烈的羈絆，相信他們說的所有一切（這正是「全有或全無」思考方式的警訊）。

在一九九〇年代，很多治療師在治療「恢復」被父母性虐待的童年記憶的成人病患時，曾落入這樣的陷阱，因而觸法。雖然有部分案例中的性虐待創傷的確存在，但這些專業人士很多都過度投入情感變成了擁護者，因而幫助病患「恢復」了實際上不存在的假記憶。

所有專業人士中，總有部分成員較易受到情感的操控，或造成事態惡化。但牧師、醫生、護理師、老師和社工人員，在這方面可能又格外脆弱，因為這些專業所須具備的同理心，有時會導致他們越過界線，變成高衝突人格者的擁護者，願意為了他們向怪罪目標發動私下的挑釁或公開的攻擊。

這些專業人士最好能避開擁護者的角色，以中立的立場來支持他們的病患或客戶。如果有衝突發生時，他們應該建議病患將案子交給法律專業人士，提醒病患要專注在有助於成長的治療上，別去興訟對付怪罪目標。如果某個高衝突人格者的治療師對你表現出負面擁護者的行徑，你應該向自己的治療師，或其他適合的擁護者尋求幫助。

不實指控的案例

二〇〇六年發生在美國杜克（Duke）大學的一個案子[2]，便是專業人士成為負面擁護者的範例。杜克大學曲棍球隊的隊員，僱用了兩名脫衣舞孃到派對上表演，隔天其中一位非裔舞孃，控訴她遭到多名隊員性侵。

承辦此案的地方檢察官麥可．尼逢，在沒有進行適當的調查之前就隨之起舞。他以強暴罪起訴了三名隊員，並針對他們發表數次的公開聲明。同一時間，他正在一個有多種族居民的地區參選，並且指控杜克大學的校園文化有嚴重的種族歧視和性暴力問題。

很快地，校園裡也針對曲棍球隊和三名被起訴的隊員發起了示威抗議，來自全國各地的批判也蜂湧而至。

後來，DNA檢測結果出爐，所有被起訴的學生都被排除了嫌疑，然而尼逢在一開始還隱瞞了這項證據。雖然他最終撤銷了告訴，但學校、曲棍球隊和三名隊員的名譽已經受到損害。之後，北卡羅萊納州律師工會撤銷了尼逢的律師執照，因為他被發現不僅隱瞞證據，還對法官和律師偵查委員說謊。

這顯然是專業人士成為過度熱心的負面擁護者的最佳範例。他不只失去律師執照，還面對公開羞辱，而且若不是他魯莽地以擁護者自居，沒有進行適當調查和自行公布所有相關證據，他自以為熱心幫助的那位年輕女性，也不會因此陷入更大的麻煩。

就算麥可·尼逢立意良善，負面擁護者的角色也會輕易地毀掉很多人的生活，其中包括他所擁護的那位可能的高衝突人格者（很難判斷她是否是高衝突人格者，或許尼逢檢察官才是主導整個案件的主力）。無論如何，這個指控不但毀了她自己的生活，也毀掉控訴對象的生活。其他的怪罪目標還包括曲棍球隊的教練，他被公開指責縱容隊員的放蕩行為。他挺身捍衛自己的學生，但還是在DNA檢測結果公布前的幾個月，在嘲笑聲中黯然辭職。如果這個案例中的負面擁護者，能在利用自身的專業高知名度去維護高衝突人格者的指控之前，先花時間進行調查，整個情況都是可以避免的。

辨識負面擁護者

負面擁護者通常不難辨認，因為他們對於高衝突人格者的處境十分情緒化，會強烈地試圖說服你也要完全支持這個高衝突人格者。他們很容易為了高衝突人格者陷入「全有或全無」的思考方式，設想出「全有或全無」的解決方法。（「這整件事中他們被佔盡了便宜，你看不出來嗎？你一定要幫助他們，或者放他們一馬！」）

有時候負面擁護者會比高衝突人格者本身更強烈、更絕對，因為不像高衝突人格者和你可能還有過良好的關係（曾是前配偶、同事、鄰居等等），他們對你是一點舊情都沒有。這表示他們可能會完全敵視你，而高衝突人格者對你或許還有些矛盾的心態，畢竟他們曾經喜歡過你。負面擁護者有時候會帶著一種「武士情結」，抱著「我會為你戰鬥到最後一刻！」的想法。

這些負面擁護者在外的信譽通常比高衝突人格者來得好，他們可能是備受尊重的家庭成員、某個團體的成員、牧師、律師或諮商師。他們說的話，會有較多人願意傾聽。高衝突人格者會努力招攬這樣的人，因為這些人顯然擁有比他大的權力，而且人多勢力更大。高衝突人格者不訴諸事實真相，他們倚靠的是負面擁護者的數量和權力。他們出現在法庭、社區委員會、工作場合或政府機關時，往往會帶著為數眾多的負面擁護者。

幾乎所有和高衝突人格者混在一起的人，都有可能成為他們的負面擁護者，因此如果你正在對付高衝突人格者，幾乎可以斷定他一定會有負面擁護者。如果有人接近你，聲稱自己正在幫助或代表高衝突人格者，你可以推論他非常可能就是一個負面擁護者，並且應該開始利用人格覺察技巧。你要謹慎提防，如果可能的話，在與潛在的負面擁護者碰面時，最好找一位正面擁護者陪同。

不過，記得不要憤怒地對抗任何可能的負面擁護者。他們身為高衝突人格者的家人、朋友和專業人士，有可能也是他極端行為的受害者。在斷定他是負面或正面的擁護者之前，不妨先詢問他們對整個情況的看法，並且以同理心、關心和尊重的態度，接近高衝突人格者的夥伴，盡可能提供他們有關整個情況的正確訊息。就算你說話的對象是負面擁護者，他也有可能在聽過你這邊的說法後，不再擁護高衝突人格者。

我剛提到，在與可能的負面擁護者碰面時，最好找一位正面擁護者。所謂的正面擁護者，可以是你信任的朋友、專業人士（諮商師、律師或調停人）或家人。你必須要確定，你的正面擁護者不會在高衝突人格者的壓力下，驟然做出結論。他也不應該在與高衝突人格者和負面擁護者的對抗行動中，扮演比你強烈的角色。相反地，正面擁護者是要提供你支持和鼓勵，而非參與你們的爭論——除非他已經對整個事實做過詳盡的調查。

正面擁護者甚至可以不用在你和高衝突人格者衝突時出現，只要幫助你做好準備應付他就可以。他們可以建議你在面對高衝突人格者時該採取哪些行動，或者提供其他能幫助你的資源。這個人可以是你的家人、朋友、律師或諮商師，他不會（像負面擁護者一樣）鼓勵你選邊站，而是鼓勵你在不責怪任何人的情況下，尋找有效的解決方法。

對付負面擁護者

如果你和某個高衝突人格者有所牽扯，想辦法與他的擁護者——無論負面或正面的——進行聯繫對話，將會很有幫助，尤其擁護者是以中立的姿態來和你打交道的話。我從經驗中常常發現，利用CARS法則是有可能讓負面擁護者冷靜下來，或讓他們改變立場的。你要加強與負面擁護者的連結，然後以尊重的態度分享你這邊的說法，來回應他們的錯誤訊息，例如：「我聽說你很關心這件事。在你有進一步決定前，先聽聽我告訴你更多訊息吧。」不過，就像之前所建議的，在碰面時最好還是找一個人陪同。這個人必須是不會增加衝突，而且在你需要時可以給予支持，提醒你該說什麼。

當然，也有一些情況下，並不適合與高衝突人格者的負面擁護者碰面。如果他們一開始接近你的態度便十分具有攻擊性，也許要考慮中斷聯繫，等過一段時間再觀察是否恢復接觸。如果有安全疑慮的話，最好請人代表你去和負面擁護者（或高衝突人格者）對話，像是你們共同的親友、治療師、律師或其他你覺得是正面擁護者的人選。

不過，如果確定安全無虞的話，還是不妨考慮與可能的負面擁護者進行一次輕鬆的對談。這可以讓你有機會平和地解釋你這一方的不同觀點，並且回答他的任何疑問。當他們了解到你並非只是在自我辯解，也不覺得你真的有做錯任何事的話，就等於幫他們打開一扇門，重新思考自己的立場。

不要變成負面擁護者

在本章結束前我要提醒的是，我們所有人都有可能成為他人的負面擁護者。因此在有人看來非常煩惱、希望你能支持他對抗其他人時，一定要保持適度的懷疑。對於這個人本身以及他希望你採取的行動，不妨先徵詢其他人的意見。

如果你和某個可能的高衝突人格者有交情時，他或許會要求你幫忙，替他對抗其他朋友和家人——甚至是某個你喜歡的人。但別忘了，當他感覺支持不夠強烈，或支持的方式「不對」時，高衝突人格者隨時會對負面擁護者翻臉，所有的高衝突人格者在面對擁護者拉開距離時，都很容易興起被背叛的感覺。

如果有高衝突人格者想招攬你幫忙，千萬要一開始就拒絕。你可以強調，他們的處境最好還是由他們自己解決，或者找更了解狀況的人幫忙。你也可以保持適度的關心，但絕不要捲入爭議。（「聽起來真糟糕，但我覺得你自己應該可以處理得來。你可以閱讀相關的資料，或者諮詢熟悉這個領域議題的人。很可惜，這件事我沒有那個立場幫你。」）

最後提醒

發現自己除了高衝突人格者之外，還得應付他的負面擁護者，可能會讓你覺得難以招架，但你一定要為這個可能性做好準備，這樣才不會被預料之外的攻擊嚇到。隨時要為你沒把握或感到不自在的對談，準備好臨場的回應和策略，像是：「真有意思，但我得先考慮一下。」先讓自己脫離那個處境，然後喘口氣，考慮下一步該怎麼辦，或者找信任的人諮詢。

關鍵是在這些狀況下，要避免憤怒、恐懼或無助等等過度的反應。面對那些有可能想協力毀掉你人生的人，你不會希望自己流露出脆弱的情緒，讓情緒成為他們製造衝突的材料，讓你更容易受到擺佈。你要盡力保持冷靜，直到能找到信任的朋友或諮商師來宣洩自己的感覺。

聽完我所說的這些，你可能還是覺得自己不可能面對高衝突人格者和負面擁護者，但別擔心，你在閱讀本書的過程中所逐漸培養的人格覺察技巧，已經能確保你從一開始就避開，或更有效地應對這些人了。

第十章

向（可能不明就裡的）局外人求助

當你被高衝突人格者當成怪罪目標時，可能會是一場大災難。你通常會感覺孤立無助，彷彿自己是唯一有這種經歷的人，可以找誰訴說呢？這種孤立感，加上高衝突人格者的操弄手段，可能讓你覺得沒有人能了解，或者其他人會認為問題是出在你身上。高衝突人格者會將一切事實都歪曲顛倒，根據高衝突人格者和其負面擁護者的看法，你所有自認合理的反應通通都是錯的，而你覺得錯得離譜的事卻被他們認為再合理不過。

請放心，這世界上任何角落、任何時間，都有幾百萬人正跟你經歷同樣的遭遇。雖然還很少有人了解高衝突人格和他們的行為模式，但有越來越多的人正透過自己痛苦的經驗慢慢對此有所體悟。大部分人雖然不知道被當成怪罪目標的詳情是如何，但多少都能意識到這些狀況並不正常。如果你向人解釋我在本書中所描述的高衝突人格行為模式，你會發現一定有人很願意試著了解你的處境。

求助

你應該向誰訴說？又有誰會了解你在說什麼呢？那些了解職場暴力或家暴等霸凌行為的人（諮商師、律師、警察等等），通常會是很好的支持來源，因為那些狀況中的攻擊行為和高衝突人格者的行為模式是相同的。這些人可能不熟悉「高衝突人格」或「人格障礙」的概念，但通常很清楚面對欺凌者和慣性說謊的人該採取哪些作法，因此或許能提供你一些忠告。

接下來我們將詳細介紹你可以向誰求助，以及該「如何」幫助他們了解你的狀況。

諮商師

大部分諮商師所接受的訓練，通常是用來處理那些明顯的心理問題，像是憂鬱、焦慮、藥物濫用及一般的人際關係問題等等，但可能並不適用在高衝突人格和人格障礙上。更何況，有些人格障礙者根本不會求助於諮商師。譬如說，妄想型人格障礙者由於不信任人，很少會去諮商，而反社會人格者進行諮商後反而越變越糟，因為當他們學會同理和關懷的語言後，會加以模仿，用來哄騙操控他人。

要確定你找的諮商師或治療師，是受過訓練能處理人格障礙問題的。舉例來說，有許多治療師受過辯證行為療法（dialectical behavior therapy，又名DBT，是一種用來治療邊緣型人格障礙的方法）、圖式療法（schema therapy）和其他認知行為療法（cognitive-behavioral therapy，幫助人們將思考及行為由負面改變為正面的治療法）的訓練。他們的專業可以幫助你瞭解和預測面對高衝突人格者時可能發生的問題，並且幫忙制定策略來對付他們。不過，就算是諮商師也有可能受到高衝突人格者的情緒操弄，認為問題是出在你身上。所以，最好能找到三位諮商師，先進行拜訪，看看他們是否能真的幫到你。

以下是四個你應該向他們提出的問題：

1. 你曾經處理過多少有邊緣型、自戀型或戲劇型人格障礙或特徵的病例？
2. 你是否曾有病患必須面對有人格障礙的家人、同事或鄰居？

3. 你是否處理過病患，看來像是高衝突人格者的怪罪目標：對方會有意無意地企圖摧毀他們的生活？如果有的話，你是如何幫助他們的？

4. 你是否願意從我提供的書或文章中，學習更多有關這類人的知識？

因為許多諮商師對於這些人格類型的經驗有限，所以最重要的恐怕還是你在和他們談話時是否感到自在。以上這些問題可以幫助你判斷，誰能基於你面對高衝突人格者的處境，提供最多幫助，但最終的決定還是看你自己。沒有絕對正確的答案，一切要取決你自身的狀況和感受。

律師

律師們通常都處理過有關高衝突人格者和人格障礙者的案例，但往往並不自覺。他們所受的心理問題訓練雖然比諮商師少，但利用法律手段來阻止高衝突行為的經驗卻豐富得多。許多高衝突人格者最後都會走上法律途徑，因為他們會將自身問題歸罪到他人身上，因而提起訴訟，或者因為負面行為經常必須上法庭。

大部分律師都可能面臨過與你類似的處境——房地產紛爭、勞資衝突、商業紛爭、人身傷害或離婚案件等等。不妨尋找對於你與高衝突人格者產生糾紛的領域有經驗的律師，最理想的狀況是，能找到曾與特定律師有良好合作經驗的人來進行推薦。

和諮商師一樣，不管你是需要委任律師，或希望在自行處理狀況時得以諮詢，我都建議你應該先至少拜訪三位不同的律師再做決定。在決定是否要自行處理之前，應該先評估案件的規模、複雜度、高衝突人格者的棘手程度，以及對方的律師是否是負面擁護者。困難度和複雜度越高，雇用律師對你可能越有利。以下的問題是你在拜訪律師時可提出的：

1. 你是否處理過和我類似的案例？你是如何處理的？
2. 你是否處理過對造看來是人格障礙者的案例？？
3. 你是否有過客戶可能是某個高衝突人格者的怪罪目標？如果有的話，你是如何幫助他的？

4.你是否願意從我提供的書或文章中，學習更多有關這一類人的知識？或者與熟悉我案例中的人格類型的心理治療專業人士談談？

和拜訪諮商師一樣，誰才是最適合你的律師，並沒有絕對的答案。你必須就他們的知識和溝通能力與支持度，決定誰才是讓你感覺最自在的。

家人與朋友

大部分的時間裡，家人和朋友或許是你逃離高衝突人格者時最有力的資源。不過，你要注意他們必須是正面擁護者，不要讓他們變成了你這一方的負面擁護者才好。別忘了，高衝突人格者的情緒對爭議兩端的人來說，都有極高的感染力。雖然朋友和家人出於善意，會直覺地想主導狀況，告訴你該怎麼做，並出面對抗高衝突人格者和他的負面擁護者。他們因為急切地想幫助你，勢必會顯露出強烈的情緒，但如果你發現有這種狀況發生時，必須教育他們哪些行為對你有幫助，哪些則沒有。你要提醒他們該如何成為你的正面擁護者，並設下清楚的界線，預防他們變成負面擁護者，像是：

- 給予你鼓勵和支持，而不是告訴你該做什麼。
- 提供你資源，例如人脈、參考資料和網站，然後建議你可以採取哪些方案。但提醒他們，如果你無法一一採用所有資原，也請予以體諒。
- 在沒有你的許可下，不要代表你去和高衝突人格者或其擁護者談話。
- 不要浪費太多時間在你面前說對方的壞話，因為這樣只會讓你更難正面思考、專注在尋找解決方法上。

解釋行為模式

你求助的對象中，有部分人會看不出高衝突者的行為哪裡有錯。他們會告訴你，是你反應過度，或者你才是造成問題的真正原因。不要試圖與他們爭辯，但要考慮這些人是否值得你信賴。你應該繼續尋找願意了解的人，並且向他們解釋你所面對的高衝突人格者的行為模式，不過要記得，在他們熟悉那個人之前，盡量不要使用「人格障礙」或「高衝突人格」這樣的詞彙。許多人一聽到這些詞彙會先退避三舍，而且說不定覺得你是在貼標籤或反應過度。

一旦你決定求援對象後，平靜地向他們解釋高衝突人格者對你造成傷害的行為模式。舉出三種最麻煩的行為，解釋這些行為是一種模式，在沒有有他人協助的狀況下，是不會停止的。再舉出三到四個最嚴重的實例，說明每一種行為模式是如何不斷重複，並且對你和他人造成怎樣的傷害。你的解釋要能讓他們警覺到，這些模式他們或許沒親眼看過，但曾耳聞在某些衝突事件中發生過。

下面是一個涵蓋了前面幾章提過的所有知識的衝突狀況，以及向其中的負面擁護者描述了三個關鍵行為的實例後，成功將他導向正面的例子。

大學職員

安潔麗卡是大學裡新到職的秘書，和直屬長官羅傑斯博士共用一間辦公室。負責專案的羅傑斯博士，對所有其他人都非常友善，但每當辦公室門一關上，他就像換了一個人似地，對她橫加斥責：「我告訴過你一百次了，對所有親自來參訪我們專案的人，要寄手寫的感謝函。你不要只寄電子郵件道謝！」「我們是獨一無二的！你必須不斷告訴所有人這件事！要你聽懂我的話怎麼這麼難啊？」「我明天上午幾點才會到，你只要告訴別人我已經到辦公室，但在忙就行了。」

有時候，安潔麗卡還會聽到他用輕蔑的語氣對電話另一頭的人大吼大叫。這些行為讓她很緊張，永遠不知道他接下來會對她說什麼，只知道不會太客氣就是了。她很喜歡也很尊敬這所大學，而且不想冒著丟工作的風險回嘴，所以她開始和學校裡另一位職員在走廊上閒聊，探聽她上司在學校裡的名聲。

「喔，大家都覺得他是最棒的！他甚至會親筆寫感謝函給到校參訪專案的訪客。他對我們大家都很好，我想他在這所學校應該會很有前途。你問這個幹嘛？」

安潔麗卡說她只是好奇。她很好奇，不知還有誰會知道他關上門之後的真面目，而且就算有，也沒聽人說過。從他在學校的好名聲看來，大概只找她一個人的麻煩吧。後來，安潔麗卡和羅傑斯博士的太太碰了面，她在兩人獨處時對安潔麗卡說：「你替我先生工作大概不容易吧。不過，你最好別讓他惹上麻煩，我們家需要他這份薪水，而且也希望他在這一兩年可以升上行政職。」安潔麗卡感覺自己像是掉進了陷阱。

羅傑斯博士看來應該是個高衝突人格者，因為他對待安潔麗卡的方式，像是把她當做怪罪對象。而從他太太私底下的話聽來，他應該也曾這樣對待過其他人，說不定也是這樣對太太的。

他要求安潔麗卡做他的負面擁護者，幫忙隱瞞他遲到的事。他似乎也有一些自戀型人格的特徵：努力想讓人覺得他和他的專案特別優秀，還有傲慢的態度和經常口出惡言（至少對安潔麗卡是這樣）。安潔麗卡若想對付高衝突人格者，有一些方法可用。首先，她需要幫助，那麼可以從何處得到支持呢？

她應該去找上司的長官申訴遭到罷凌嗎？應該去找人事單位嗎？她的表哥也在同間大學的另一個單位工作，她決定先去找他談談。

「我不覺得你該有任何動作。」她表哥說：「你只是太敏感了，我聽說過他，大家都覺得他在學校的前景不錯。而且，如果所有人都喜歡他，要是你說了什麼，對你自己的傷害恐怕會比較大。我建議你還是忍著點吧。」

安潔麗卡覺得自己快瘋了。有任何人能了解她的處境嗎？她從沒遇過像羅傑斯博士這麼難相處的人。如同我們先前討論過的，這在應付高衝突人格者時是很常見的現象。因為以外界的角度來看，高衝突人格者通常非常和善，人們可能很難相信你的抱怨。

「不過，我有個主意。」她表哥說：「很多大學校園裡都有申訴辦公室，他們會保密行事，說不定能幫得上你，或者告訴你可以跟誰談。我記得我們學校也有。」

安潔麗卡決定先整理好自己的思緒，再去申訴辦公室，好讓和她談的人瞭解自己碰上的問題真的很嚴重。

要注意，安潔麗卡應該選定三種羅傑斯博士的高衝突行為模式，並且各舉出三個例子，因為如果說得太多，對方可能難以消化；說得太少，又不足以顯示高衝突行為的嚴重性。大約三個例子，就足以說明行為模式的確存在，也不會因為過多訊息而讓對方不耐煩。以下是她描述的行為模式：

第一種行為模式：「他經常突然暴怒，對我說出一些非常尖刻的話。」然後她寫下三個最嚴重的例子，包括發生的時間、地點（以顯示她的記憶是可靠的，也便於申訴辦公室的人記憶。）

第二種行為模式：「他將我做的事搶去當自己的功勞。」她舉出感謝函和其他兩個例子。

第三種行為模式：「他對外塑造一種虛假的形象，讓人以為他是大好人，但私底下卻對我視若糞土。」她舉出兩個他在人後對她說的話，同時提到他太太對她說過的話，顯示同樣的情形一定也常在家中發生。

她和申訴辦公室的女士談過後，那位女士表示她完全可以理解。「我看過很多類似的案例，所以我知道面對這種高衝突人格者是什麼情況。我們來看看你有哪些選擇吧……」終於找到瞭解高衝突人格者和其負面擁護者的人，讓安潔麗卡鬆了一口氣。雖然申訴辦公室無法改善她的處境，但還是告知她好幾個可採取的選項，她現在不再感覺那麼孤單了。

高衝突狀況的三種推論法

在前面這個例子中，安潔麗卡只是將羅傑斯博士的負面行為模式告知一位正面擁護者，便得到了幫助。但若這人只是潛在的正面擁護者，可能需要更具說服力的說明，這時你可以用這三種推論法，向他解釋高衝突狀況。人們如果只是匆匆接觸其中一方的說法（無論是你或是高衝突人格者的），通常很容易搞錯。以下是想降低潛在的正面擁護者錯怪你的風險時，你可以提出的三種推論：

1. 某B說某A有不好的行為模式，而且說法屬實。某A有可能是高衝突人格者。

2. 某B說某A有不好的行為模式，但實際上有不良行為的人是某B，不是某A。這是因為某B將自己的負面思考、感覺或行為，投射在某A身上。某B有可能是高衝突人格者，而某A可能不是。

3. 某A和某B都有不良行為，他們兩人都有可能是高衝突人格者。

事實上，當任何人指出另外一個人有不良行為時，我們都應該想到這三種推論法。它們乍看很像，因為全都涉及到高衝突情緒。如果我們直接做出結論的話，就有很高的風險會產生誤會，尤其在涉及高衝突人格者時更是如此，因為他們對於責怪他人有執念，而且高衝突情緒具有高度感染力，讓他們的話特別有說服力。

藉由解釋這一點，並將三種推論的論點列出來，你或許能讓潛在的正面擁護者打開心防，接受你有可能真的是高衝突人格者的怪罪目標。我的律師工作很大一部分，都是在說服他人相信我的客戶是無辜的怪罪目標，需要被保護不受高衝突人格者的傷害，有時這樣的過程需要好幾個月甚至好幾年。所以要有耐心，堅持下去。

關鍵在於打開做決定者——潛在的擁護者，或其他相關人士——的心防，讓所有人能用這三種論點分別將這個案子考慮一遍。他們的心防一旦打開，就比較容易將焦點放在與推論各自相符或相左的證據上，然後進一步了解事實的真相。接下來的例子，是在一樁疑似家暴案中應用這個方法。

一家人

卡洛琳打電話報警，說男友凱文（也是他們兩歲孩子的父親）一直以來都在毆打她。警察上門來，凱文說他從沒碰過她，還說是卡洛琳自己撞牆弄出瘀傷的，目的是想把他趕出去，因為想報復凱文不肯給她錢買毒品。警察必須決定該相信誰，以及該把誰帶離這間房子——而且決定通常必須非常迅速。

你相信誰的說法呢？你是否不假思索就選擇相信了卡洛琳或者凱文呢？如果是的話，那你有很大的機會是錯的。這就是所謂的「認證偏誤」（confirmation bias），意思是說當你傾向於相信某種推論時，有可能為了證明自己是對的，而忽略所有指向真相的證據。

你應該利用三種推論法去思考，尋找這個案例中可以證明或反駁每一種推論的任何行為模式。舉例來說，凱文是否曾有家暴的紀錄？警察可以輕易地搜尋他的被捕記錄。卡洛琳是否有吸食毒品的紀錄？警察可以查看她身上是否有針孔或吸毒瘀斑，或向凱文要她吸毒的證據，例如醫院記錄或重複的處方箋。為了安全起見，尤其是孩子的安全，懂得該注意哪些行為模式真的太重要了，人格覺察技巧用在此處也很有幫助。

現在，你一定正在考慮這兩人過去都有不良行為記錄的可能性吧。但這種事情是不能只用假設的，我曾經看過許多案例，有被施暴的女性被誣指為毒蟲，也有無辜男性被誣告家暴。所以三種推論都必須考慮過，否則做決定的人有可能幫錯人——在這個案例中，甚至可能讓孩子的生命陷入危機。

很不幸的，有時候警察、諮商詩、律師、法官和其他做決定的人，也沒有完整考慮過這三種推論，因此出錯。

最後提醒

在對付高衝突人格者時，經常需要怪罪目標主動伸手向他人求援，才能讓他脫離某個人或某種處境。尤其高衝突人格者招攬、贏取負面擁護者支持的速度又是這麼快。但你若想請人幫助你對付高衝突人格者，就勢必得解釋他們令人困惑的行為模式，這原本就不是件簡單的事了，但難上加難的是，高衝突人格者會讓怪罪目標看起來才像是問題本身——而且是唯一的問題所在。

因此，重點的是請求救對象考慮每種衝突狀況都至少有三種可能的推論，並且陪同他們一起看過每種推論的證據和論點。告訴他們你最近學到的「人格覺察技巧」，然後展示大約三種高衝突人格者的負面行為模式，再針對每一種行為模式各舉出約三個最嚴重的實例，來證明你真的是怪罪目標。

請記得「三個三原則」：

三種推論，三種模式，每種三個實例

一般來說，你不用浪費時間和情緒去說服那些不想了解你的處境、或覺得一切是你自己造成的人。這不是你的錯，企圖喚醒這些人，只會讓你很快便精疲力竭。很多人都缺乏人格覺察的知識，因此很難了解你的說法，或者他們本身也可能是高衝突人格者。儘量別把他們的不支持當成是針對你而來的，反之，你應該把力氣花在尋找願意傾聽和了解的人才對。

第十一章

高衝突人格理論

很多人都會問我：為什麼會有高衝突人格？還有，為什麼現今的社會裡，這些人的數量似乎一直在增加？這兩個問題我被問過好幾百次了，將近二十年來，我也一直在思考問題的答案。在這一章中，我會盡可能從歷史的背景來解答這兩個問題，並且針對這一切對未來社會有什麼意義和影響，提供我個人的詮釋。這些總和起來，就是我所謂的「高衝突人格理論」。

如果這五種類型的人破壞性這麼強，為什麼他們還能存在？我的看法是，導致高衝突人格者偏激行為的原因，是他們的大腦迴路。從歷史角度來看，他們這樣的行為在戰爭時期曾經是優點，但在和平的文明時代卻會造成不必要的紛爭。他們的人數在歷史上的增減，要取決於當時的社會組織是否健全，在社會動盪的年代，似乎就會看到更多的高衝突人格者。舉例來說，我們近來發現高衝突人格者有增加的趨勢，部分原因是我們正處在一個科技和社會快速變動的年代，而媒體總是聚焦在負面、高衝突行為的影像上，讓情況更趨惡化。

媒體聚焦在負面的影像和行為上，不只吸引了你的注意力，還等於在教導年輕人：「這種人際關係的模式是一種新的常態」。對有些人來說，媒體所餵養的這些東西，會變成他們人格裡難以改變的一部分——高衝突人格。

大腦的兩個半球

要了解高衝突人格理論，我們首先需要知道，高衝突人格和人格障礙經常是並存的。這個關連相當重要，但大部分法律和專業人士對此一無所知。

如同我們先前討論過的，這個關連性解釋了為何他們會有「全有或全無」的思考方式、不受控制的情緒、將自身問題怪在別人頭上的傾向，以及偏激的行為——這些全是人格障礙者的特徵。但後來我發現，高衝突人格者和有人格障礙的人似乎還共同具有一種類似的重要生理特質。

許多年前，我曾參加一場為期兩天的治療師研討會，與艾倫．史寇爾（Allan Schore[1]）博士一起探討有關「右腦」的議題。史寇爾博士是精神科醫生，也是加州大學洛杉磯分校的大腦研究專家。研討會後我進一步鑽研相關的大腦研究，而後續的發現才讓我開始對高衝突行為有了合理的解釋。

一般來說為了解決衝突，所有人都擁有兩套本質上完全不同的機制，各自在我們大腦的兩個半球裡運作：

- 一套讓我們能在危急時刻迅速行動，有可能救我們的命。
- 一套則仔細地分析問題，想出數種可能的解決方法。

關係腦（**The Relationship Brain**）（右腦）：這套首重自衛、保護的機制，似乎最主要在我們的右半腦運作。這半邊的腦隨時注意我們與周遭環境之間的關係，藉以辨識任何的威脅和潛在的危機。除了身體上的危險之外，也包括社交上的危險，像是威脅的語調、臉部表情和手勢。

根據史寇爾博士的解釋，比起左半腦，右半腦擁有更多與身體相連結的神經元。所以當你產生直覺或做出直覺性的決定時，利用的可能就是右半腦。這幫助我們在必要時瞬間採取行動，以避開危險。

邏輯腦（**The Logical Brain**）（左腦）：與右半腦的快速行動相反，左半腦似乎和解決問題的複雜行為較有關。這包括探究細節、分析可能的選項，以及替未來作計畫。當然，這種類型的思考會比較慢，但也比較可靠、準確。

合作

一般來說，左右半腦會密切地共同運作，在一種思考方式和另一種思考方式之間來回切換。史寇爾博士表示，大部分的時間裡，是我們的左半腦在主導思考，但當危機出現時，右半腦便會迅速接管，來保護和防衛我們的安全。不過，當其中一邊的腦主導思考，顯示出較多的腦部活動時，另一邊的腦也沒有停下來，仍然保持一定的運作。它們是怎麼做到如此完美的合作呢？

答案就是，左右半腦之間的「橋樑」——胼胝體（corpus callosum）。胼胝體裡通常有兩到三億的神經元，連結著左右半腦。對多數人來說，這樣的連結工作運行得相當順暢，但萬一要是不順暢呢？

在哈佛大學的馬丁・泰契爾（Martin Teicher）和同事的一項研究中[2]，他們發現許多反覆受虐的兒童，胼胝體不但較小，功能也受到損害。這使得他們比較難在解決問題和危機模式之間來回切換。因此這一刻他們還表現良好，但下一刻就毫無來由地暴怒，完全不講理。

這項研究顯示，受損的胼胝體有可能是導致成年期邊緣型人格障礙的原因之一，其他研究也發現這些人的左右腦之間的溝通有困難。這可以解釋，為什麼這種人格障礙者會頻繁出現情緒擺盪：從極度友善、理性到極度憤怒、非理性，然後又反覆循環，有時這樣的變化就發生在短短幾分鐘內。胼胝體的損傷有可能是源自於身體凌虐、性虐待、言語暴力，或在戰區成長所造成的壓力。

事實上，泰契爾的研究顯示出，功能削弱的胼胝體或許有助於孩子在危險環境中得以存活到成人階段。靠著較小的胼胝體，在戰區或受虐環境中成長的孩子，可以為了生存做出迅速的反應，而不是將寶貴的時間花在分析衝突的狀況。可想而知，面對壓力時一觸即發的反應——像是強烈的「戰或逃反應」（fight-or-flight response）——在辦公室這樣平和的成人環境中，一定難以運作。

好消息是，經過適當的治療，例如辯證行為療法，讓病患學會平復自己的情緒和壓力的實用技巧，可以強化胼胝體的功能，長期下來在胼胝體中建立更多連結。要知道，高衝突人格和人格障礙大部分的特徵是一致的，因此前述兩項研究也解釋了，為何許多高衝突人格者在高壓環境中會使用錯誤的行動思考邏輯，以及為什麼當你想讓高衝突人格者冷靜下來時，最好先使用連結的方法，然後才是分析、回應和設定界線。如果你一開始太過激進，或試圖讓他們意識到自己的不當行為，等於是在和「錯」的那一邊大腦對話，只會激起高衝突人格者「戰或逃」的衝動反應，讓事情變得更糟。你在前面學到的CARS法則，部分原理就是考慮到高衝突人格者的反應腦會先行反應，所以要等他們冷靜下來後，再與他們理性的關係腦溝通。

社會基因

那人類社會化的影響呢？視不同專家的說法，和要討論的人格障礙類型而定，百分之四十到八十的人格障礙都是天生的。根據人格研究專家的說法，某些人格特質是從我們一出生便已經存在，再隨著生活經驗而有所強化或削弱，先天後天都有影響。

我們所說的五種高衝突人格障礙，似乎都受到負面生活經驗的影響和強化，尤其是童年時期的經驗會大幅影響腦部發展，譬如孩子在童年期與雙親之間的「依附關係」，會對他的一生造成重大影響。如果這個依附關係是不穩定的（雙親對孩子的安撫不夠，任由孩子以自己的節奏探索發展），面對父母，孩子的因應之道可能是緊抓不放、沒有興趣或甚至會恐懼。這些童年期的因應之道，是導致成年後形成人格障礙的危險因子，不過，同時也要看長大後其他正面、負面的生活經驗而定。

當孩子受到虐待，或被教導成自尊過高，日後形成人格障礙的機率也很高，尤其如果這個孩子天生便已具有這類人格特質的話。

在另一方面，反社會人格障礙顯然就比其他人格障礙更受天生因素的影響，生長環境只佔了很小的部分。也就是說，這種人格障礙在成年後不太可能改變，也最不在乎被他傷害的人。

他們為什麼會天生就如此？從人類有史以來，人格障礙者和高衝突人格者似乎

人，有時甚至會殺了他們。為了掌控他人，他們任何事都做得出來，而且對於任何試圖控制他們的人有極高的防衛心。他們也是冒險家，一心尋求刺激，即使危及到自己的生命也無所謂。在生死存亡的戰鬥中，你會希望他是與你並肩作戰的戰友。同時他們有濫交的傾向，對於戰後需要重振人口數大有助益。

自戀型高衝突人格：這些人是領袖，希望被所有人視為最優秀的。他們可以非常迷人且說服力十足，吸引其他人來追隨並且相信他們的宏願。他們喜歡用鄙視和公開侮辱來對待敵人，但會用讚美和關心來討好和他們同陣線的人。這些人無論在政治或性關係上都很有吸引力，這些特質有助於壯大追隨者的陣容，以及說服他人對他們產生信賴。他們最適合當革命領袖，因為現有的規則、法律或制度，他們通通看不上。不過他們通常不擅長在革命成功後建立平和的社會或組織。我之前提過，ＦＢＩ的檔案報告顯示，許多恐怖活動的首腦都具有這種人格特質。在某些情況下，要進步就得推翻既有的秩序，有些情況卻不是如此，因此這些自戀的領導者在和平時期往往也會被人推翻。

反社會型高衝突人格：這些人是關係的守護者——而且是做到極致。他們會緊緊抓著孩子和配偶不放，在戰爭時期，他們可能是最厲害的生存者，因為會瘋狂保護自己的家人，抵抗所有外在的威脅。為了保護家和群體，他們可能會變得極為善妒，甚至採取暴力。若身為丈夫，他們可能會以人身控制的方法來「保護」自己的妻子；若身為妻子，她們會對丈夫任何不忠的跡象極度警戒，而且會嚴格控制自己的孩子，讓他們牢牢待在身邊。這樣或許幫助家人抵禦外在威脅而存活下來。

妄想型高衝突人格：他們對任何人都非常多疑，可以比其他人更早偵測到敵人或潛在的叛徒。他們對群體裡裡外外的陰謀都非常警戒，會對過往的冒犯和積怨念念不忘，這或許有助於抓出叛徒。

戲劇型高衝突人格：這些人極度戲劇化，一點點雞毛蒜皮的小事和社交上的不當言行都會讓他們有所反應。他們擅於抓住他人的注意力，用故事和危急時的呼救聲讓所有人把焦點放在他們身上。有人想離開家庭或群體時，他們會拒絕，並且讓大家聚在一起，聽他們最新發生的驚恐事件。這樣或許能幫助整個群體存活下來。

你可以看得出來，在尚未有語言和文字前，這些高衝突人格障礙者都有可能曾經幫助人類的家庭和群體存活。換句話說，或許只有在沒有戰爭，日常也沒有其他極端騷亂事件的現代文明社會中，他們才被視為「障礙」。事實上，有能力和欲望想去處理、控制高衝突人格者，或許正是成功文明社會的象徵。

文化影響

如同在本章剛開始提過的，我相信文化的影響也是形成高衝突人格的重要原因之一。在《自戀時代：現代人，你為何這麼愛自己?》（The Narcissism Epidemic: Living in the Age of Entitlement,）一書中，作者珍·圖溫吉（Jean Twenge）和基斯·坎貝爾（W. Keith Campbell）寫到，身處的時代對於你人格發展的影響，大過於成長的家庭。[5]

這話我不會說得這麼肯定，因為根據身為治療師的經驗，我相信家庭的影響絕對重要得多。但不可否認，文化的影響力的確也非常大。

你只要拿一九二〇年代和一九八〇年代出生的人來做比較，就可以明顯看出不同。前面一群人是所謂的「最偉大」世代。他們經歷過經濟大恐慌和第二次世界大戰，受過良好的訓練要互相幫助：面對當年高達百分之二十五的失業率，人們失去家庭，食物匱乏，那是一個無私和犧牲的年代。家庭、群體、國家是致使所有人自我奉獻的主因。他們甚至不太喜歡談論自己的事，這些全都成了這一整代人人格特質的一部分。

另一方面，從一九八〇年代到二〇一〇年代初出生的人，也就是所謂的千禧世代，是跟著個人電腦一起長大的第一代。對千禧世代來說，一個人對著好幾樣電子設備獨處是很正常的事，而且如果能善用這些電子設備，在社交和經濟能力上都會受到很高的評價，於是追尋自我和個人成功，變成一種主流文化。（當然，這種著重個人的風潮，是始於一九六〇和七〇年代的嬰兒潮世代，之後避孕和小家庭就變成了常態文化。）

從一九七〇年代開始，各種搖滾巨星、電影明星、運動明星和億萬富翁變成眾人最仰慕的對象，個人的權力和自由成了最重要的政治訴求——無論是左派或右派。

在社會群體比個人重要的時代，高衝突行為會受到大量的社會限制和批判。而現在，高衝突的人所受的限制變少，得到的關注變多，被認為是刺激有趣的人，而且還常常因為他們的行為，得到媒體的關注、金錢上的成功和政治權力等形同鼓勵的獎賞。當這些行為不受阻止，人們甚至還能因此名聲大噪的時候，就會變得越來越多。

至於人格障礙，我們舉出的五種高衝突人格障礙者顯然都有上升的趨勢。美國健康研究中心的研究報告顯示，人格障礙分布的最高點落在最年輕的族群（二十到二十九歲），最低點則是最老的族群（六十五歲以上）。[6]

為什麼？我覺得這是因為，過去二十多年來的文化，藉由媒體的強力曝光，對這些人格障礙的行為起了推波助瀾的效果。從一九九〇年代開始，有線電視和網路的興起（以及平面媒體的沒落），讓二十四小時不間斷的新聞和日益誇張的戲劇變得越來越煽情，它們為了吸引觀眾注意力，內容往往偏重負面行為。這些對成人來說或許是娛樂，但對孩子來說卻是一種社會教育。如果你從外太空突然降臨在地球上，看到我們的二十四小時節目，一定會以為這個世界到處都在戰爭——但現在其實已經是有史以來最和平的時代了。[7]

即使在和平時期，高衝突人格有時還是有用處的。在「感覺」社會中有太多不穩定性和社會僵固性的時候，吸引眾人注意力的高衝突人格者，或許能帶領大家打破既有的秩序。大家或許都感受到了，現在的社會正處於一種衝突期，因為這社會有些部分已經變得太僵化（收入不均、缺乏向上動力、政府法規等等），有些部分可能又太不穩定（網路、槍枝暴力、中東戰爭等等）。

舉例來說，我們常常聽到有科技公司「打亂了」很多知名的大公司和產業。很多這些科技公司的早期領導人，據推測都可能是高衝突人格者，尤其是自戀型高衝突人格者。這些領導人是革命者，他們用自身極端的想法和行為，逼著我們改變做事的方法——結果可能會更好，也可能更糟。

最顯著的例子就是史蒂夫．賈伯斯。他當年聞名全矽谷的，就是他「全有或全無」的思考方式、不受控制的情緒、極端的行為，以及責怪他人的執念——常動不動就突然開除人、對著電話大吼大叫或公開羞辱人。[8]他成功地打亂了許多產業領域（電腦、音樂、行動電話、攝影等等），而且結果大部分人都認為是好的，這是因為他身邊的人有能力有效地控制他，擷取出他的思想和才能中的精華，同時對他其他更極端的行為設下界線。[9]

當然，不是所有高衝突人格者都像賈伯斯一樣對社會有貢獻。既然高衝突的文化潮流將製造出更多高衝突人格者，其中有好也有壞，我們若想在現在和未來倖存下來，學習人格覺察的原則是刻不容緩的要務。

最後提醒

無論國家、群體、家庭和個人，都需要提防高衝突人格者，盡可能讓他們的人際關係保持一定的穩定性和彈性。憑藉著有效的規則和法律，許多高衝突人格者也能被有效的控制管理，變成對社會有貢獻的人，不過這需要大規模的人格覺察。

以同理心去應用你的人格覺察技巧。高衝突人格者有可能是天生，也可能是受虐或管教不當的童年所導致，或者學習現今的「高衝突」媒體文化所造成的。人格問題並非他們自己選擇的，而且在毀掉其他人生命的同時，他們自己的生命往往也一樣毀了。然而這些人格類型又都是根深蒂固，難以改變的。我相信，在越多人學習到有關高衝突人格的知識後，我們個人和群體的生活將會更加和平。

以上就是我到目前為止的高衝突人格理論！

第十二章

自我覺察

我要用盡可能簡潔的方法，為本書做個總結，幫助你記得一些關鍵原則。過去幾年來，我一直在法學院教導如何對付法律糾紛中的高衝突人格者，而有一年，學生想知道是否有詞彙，可以總結高衝突人格者與一般人的最大差異，好讓他們確定自己不是高衝突人格者。

在一番討論後，我們都同意這個詞彙應該是「自我覺察」（self- awareness）。在本書最終章，我想強調兩種類型的自我覺察：

1. 幫助你辨識高衝突人格者的自我覺察。
2. 幫助你提昇自己人格的自我覺察。

本質上的差異

沒有人格障礙的人，會經常性地檢視自己的行動，從經驗中學習，最後改變行為。他們會提出這樣的問題：「得到那樣的回應，我做錯了什麼？」以及「下次我該用什麼不一樣的作法？」這些是健康、自覺的回應，這種反求諸己的問題可以幫助人們和諧相處。這屬於第二種類型的自我覺察，幫助我們提昇自己的行為和人格，這也是人類之所以能夠藉著彼此幫助，在世界幾乎每一個角落生存下來的理由。自我覺察對於集體的生存和成功來說，非常重要。

但高衝突人格者和所有具有人格障礙的人，缺乏這種社會性的自我覺察。他們註定會不顧後果，重複固定的行為。當然，這種缺乏自我察覺也是有程度上的差別的，有些人有少許的反思和改變能力，不過還是很有限（否則就不會是高衝突人格者了）。

一般來說，高衝突人格者不會意識到自己對他人所造成的影響。他們不曉得自己激進和頑固的行為模式會冒犯到其他人，把大家推得遠遠的。他們會誤判他人的情緒，卻還自以為能讀懂人心。他們基本上都把他人視為敵手，完全不管別人其實一直想釋出善意。

如果你和高衝突人格者有很密切的關係，應該就能了解上面這段話。他們可能會自認無時不刻處在危險邊緣，而你正常的自我覺察能力和他們的缺乏自我覺察，會不斷產生矛盾。這種感覺很讓人疲倦。對高衝突人格者來說，缺乏自我覺察造成的是沮喪和焦慮，因為他們再努力也無法在人際關係中得其所願，相反地，還會讓他們心中的恐懼惡夢成真。

五種類型

以下是不同的高衝突人格者因為缺乏自我覺察所發生的狀況：

● **邊緣型高衝突人格者最害怕：被拋棄。**

他們不停強烈擺盪的情緒、突然暴怒和操縱擺佈人的行為模式，導致別人憤怒，想棄他們而去。

● **自戀型高衝突人格者最害怕：不受尊重或被看低。**

他們傲慢、侮辱人、自以為有特權和需要人仰慕的行為模式，導致別人看不起他們，想羞辱反擊。

● **反社會型高衝突人格最害怕：受他人控制。**

他們利用情緒、財務、身體和任何必要手段來支配他人的行為模式，導致別人希望他被關進牢裡，由權威機關來控制他。

● **妄想型高衝突人格者最害怕：被親密的人背叛。**

他們疑神疑鬼、懷恨記仇、指控他人密謀陷害的行為模式，導致別人在背後竊竊私語，而與他們長期相處所導致的挫折感，也會讓許多人轉身離開（背叛）。

● **戲劇型高衝突人格者最害怕：被忽視。**

他們無止盡的戲劇化行為模式，讓親近的人疲倦不堪，很快就會無視他們的故事，最終迫不及待地逃離。

人格覺察

在看過缺乏自我覺察的問題後，我們現在重新再來看看所謂的人格覺察。這是一種辨識「行為模式」的方法（包括他人的和你自己的），這不是直覺，所有人都必須靠後天學習。如果不學會如何辨識這些行為模式，我們可能會一直落入高衝突人格者的陷阱，認為他們堅強、善良又有吸引力。

一旦你知道自己要尋找什麼樣的行為模式，就能利用人格覺察技巧，知道「要找什麼」以及「從何找起」，讓我們再回顧一下該如何應用WEB法則。

言語：留意那些引起你注意的用詞，尤其是「全有或全無」的極端語言模式，像是：「你總是……」「你絕不……」「照我說的做，否則免談！」「這全是你的錯！」這些話是我們大家偶爾都會說，所以你要注意的是「固定模式」和「強度」，看這個人是否是經常說出或寫出這些用詞。

情緒：注意這個人是如何處理自己的情緒，以及你在他身邊時所感受到的情緒，自我覺察在這裡就顯得非常重要了。

首先，這人是否有情緒不受控制的行為模式，例如暴怒、哭泣、快速的情緒擺盪、情緒錯亂（譬如受到一點點批評就變得自我防衛，而不是去完成任務）、執著於過往的委屈、瘋狂地愛上剛認識的人，又突然間痛恨對方等等。或者他會因為害怕失控而極度壓抑情緒嗎？他是否最終還是會失去控制，造成危險的後果？

再來，你在這人身邊時感受到什麼情緒？若是極度負面的感覺，就是一種警訊，代表這人的行為模式可能是負面的。極度正面的情緒也可能是警訊，代表高衝突人格者可以藉此操控你和你對他的印象。你所感受到的情緒與現實狀況是相稱的嗎？我詳述了面對各種高衝突人格類型的常見情緒警訊，如果你發現自己在某個人身邊時常有下述的任何一種情緒，他可能就是高衝突人格者。

- **邊緣型高衝突人格者**：你和他們在一起時，感覺極度挫折，像是恨不得猛搖他們或大吼大叫，讓他們停止某些不當的行為？覺得自己很想棄他們而去，但沒多久又想重回他們身邊嗎？覺得從來沒有人曾對你這麼過分？對於自己跟他們在一起時，情緒總是來回擺盪而感到困惑？你在跟他們應對時，感覺自己很弱勢？

● **自戀型高衝突人格者**：你和他們在一起時，感覺自己很笨拙或能力不足？你抱持的某種敬畏感，不敢相信他們竟然願意花時間跟你在一起？在讚美對方時覺得很有壓力？當他們比較關注別人時，你會覺得憤怒？覺得這人對你失去興趣，或會在眾人面前侮辱你？是否有時會感覺他們好像忘了你的存在？

● **反社會型高衝突人格**：你和他們在一起時，有時會有危機感？是否偶爾有毛骨悚然、恐怖的感覺？是否有旁人告訴你，他們不值得信任，是個騙子？你又是否不願意徵詢其他人的意見，心中抗拒他們是騙子的想法？會覺得自己被控制了嗎？會覺得因為他們而受到其他人的孤立？是否感覺自己無法安全地表達反對意見，或逃離他們身邊？

●**妄想型高衝突人格者**：你是否覺得必須不斷向他們證明自己是值得信賴的？你好像沒辦法對他們說出真實的感受？跟其他人談起他們時，是否感覺自己在偷說壞話？是否經常必須向他們交代自己的行蹤細節？你很想和其他人聊聊對他們的疑慮，但又不敢這麼做嗎？

●**戲劇型高衝突人格者**：你是否無時無刻想逃離這人身邊？聽他們說故事時，覺得自己好像被困住了？和他們在一起時，你會覺得透不過氣？他們情緒和故事常讓你心煩意亂，因此什麼事都做不好？

以上是你與這五種類型的人在一起時，大致會出現的情緒反應，更詳細的內容已經在前面的章節中討論過了。因為高衝突人格者通常比較情緒化，而情緒是會感染的，所以你對自身情緒的覺察會是最好的線索，讓你能判斷在他們身邊時，是否應該特別提高警覺。

行為：他們的行為會嚇到你嗎？他們過往的經歷裡是否有什麼不尋常的地方？你發現自己會替他們的極端行為找藉口嗎？請別忘了百分之九十原則，他們是否曾做出百分之九十的人不會做的行為？一般而言，你可以試著找出他們在以往的人際關係中——約會或職場上——曾做過什麼。當然，你也有可能問不出答案，因為其他人可能對他們感到害怕，或者不想提起那段經歷。但光是問不出答案這件事，就足以提供你很多「沒有」說出口的訊息了。

避開和對付高衝突人格者

一旦察覺對方是高衝突人格者的話，大部分人會寧願完全避開他們，但如果你決定或者不得不和這些人打交道的話，還是有一些基本的預防措施。（利用自我察覺，來幫助你決定是否想避開他們，或者和他們維持某種程度的往來。）記得不管面對任何人，一開始都要小心不要有太過度的反應，像是：過度奉承（自戀型高衝突人格者）、過度關心（邊緣型高衝突人格者）、過度幫忙（反社會型高衝突人格者）、過度投入誇張的故事（妄想型高衝突人格者）、過度照料他們誇大的麻煩（戲劇型高衝突人格者）。如果你覺得自己會忍不住想做這些事來安撫他們，不如就多想想往後要逃離他們會有多困難吧。

如果他們的高衝突人格不至於太強烈，你有信心可以處理關係，並且能從他們的力量或關注中得益，那你或許可以利用本書中提過的方法和他們打交道，千萬要切記CARS法則：

用同理心、關心和尊重與他產生連結。

分析替代方法或選擇。

回應錯誤訊息或敵意。

為高衝突型行為設下界線。

你可以參考前面的篇章，尋找相對應的建議，但要記得將重點擺在尊重，給予他選擇，並且在回應他的敵意或設定界線時，保持簡短、提供訊息、態度友善和堅定。利用你的自我覺察，決定何時需要從他人處得到支持和或諮商，以協助你應用

CARS法則來與高衝突人格者打交道。

自我覺察的技巧

既然你已經具備人格覺察的能力，並且可以利用自我覺察來辨識高衝突人格者，別忘了還要將這些覺察導向你自己。你要不時地檢查自己，看自己是否表現出某些高衝突人格者的行為。

你是否偶爾會感覺自己比別人優越、感覺突如其來的憤怒，或者想支配其他人？這些是正常的人類特質，所有人偶爾都會有這樣的想法。只有當這些成為固定模式，而且我們不會自我反省的時候，才有可能變成高衝突人格者。

你應該定期檢視自己的行為，思考可以做出什麼改變來自我提昇，以及改善與他人的關係。

在經歷衝突之後，你要自問：

1.「我做了什麼造成這樣的回應？」

2.「我下次可以有什麼不同的作法？」

當然，或許對方極端的回應並非你的行為所造成的，但你總是能從每一次的衝突中，找出日後可以實行的不同作法。這兩個問題的目的不是用來怪罪任何人，而是讓你開放心胸去學習和改變。

結論

我試圖讓你知道，有個日益嚴重的問題正在影響我們生活中各層面的人際關係。希望我沒有嚇到你，而是幫助你在辨識、避開或對付生命中的高衝突人格者時，能更有信心。關鍵在於自我覺察，如我們前面討論過的，這將幫助你決定自己何時需要向外尋求支援和諮詢。你並不孤單。

會摧毀你人生的高衝突人格者，只佔了人口總數的十分之一，但幾乎影響到所有人的生活。藉由了解這些人格上的問題，學習「應該」以及「不該」如何回應，我們可以彼此幫助（包括那些高衝突人格者在內），在發揮同情心的同時，仍然保護到自己。現在，這一切你都可以自己決定！

附錄

高衝突人格的四十種可預測行為

由於高衝突人格者習慣以固有的敵意，來對待他們所有的人際關係，因此只要你了解他們的四個主要特徵：「全有或全無」的思考方式、不受控制的情緒、責怪他人的執念、極端的行為，那麼他們至少有四十種行為，是你可以大致預測的。無論生活在何處，智商程度、職業或社會地位，他們：

1. 不會反省自己的行為。
2. 對於自己的問題沒有意識。
3. 不了解自己為何有那些行為。
4. 不會改變自己的行為。
5. 不會尋求諮商，或任何形式的真實忠告。

6. 不了解自己為何會在短期內成功（他們起初是迷人且具說服力的），卻在長期陷入失敗（最後真相總會顯露出來）。
7. 在被別人要求改變時，會極度自我防衛。
8. 會聲稱因環境所需，自己的行為是正常且必要的。
9. 即使嘴上表示同情，但事實上對他人缺乏同理心。
10. 一心想贏得關注。
11. 可能對過往念念不忘，會捍衛自己的行為，並攻擊他人。
12. 可能對外有良好的形象，以掩蓋私底下的負面人格。
13. 當有人表示他們的行為不當時，可能會說別人瘋了。
14. 可能會霸凌他人，但卻自我防衛地說自己才是被霸凌的人。
15. 一心想怪罪別人，即使只是為了微不足道或甚至不存在的事。
16. 會花大把精力去怪罪別人，因為他們不會花時間反省。
17. 會有怪罪目標，對象是親近的人或位居權力位置的人。
18. 會鎖定單一一個怪罪目標，試圖控制、除掉或摧毀這個人。

19.可能會對怪罪目標進行財務、名譽、法律或人身攻擊。
20.可能採取行政或法律手段來對付怪罪目標。
21.會不斷尋找負面擁護者，來支援他們怪罪他人或自我防衛的行動。
22.當負面擁護者不照他們的意願行事，他們會毫不留情地翻臉。
23.會要求他人的忠誠，並且告訴他們該做什麼。
24.本身並不忠誠，卻宣稱自己遭受背叛。
25.可能自己有很多秘密，卻要求別人完全坦白，不容許有秘密。
26.為達到自己的目的，可能會洩漏他人的秘密。
27.會真心疑惑為何有這麼多人會在一段時間後背叛他。
28.會突然斥責或攻擊家人或朋友，然後可能又試圖修復關係。
29.長期下來很少有真正的朋友。
30.除了所有人都贊同他們的時候，大部分時間都不快樂。
31.擁有充滿激情的關係，一開始彼此強烈吸引，但最終以怨恨和責怪收場。
32.對於盟友有不切實際的期待，但最後會無可避免地期待破滅。

33. 會自我傷害，甚至做出無益於己的行為。
34. 聲稱要解決問題，卻製造出更多類似的問題。
35. 會把自己的行為和想法投射到他人身上。
36. 缺乏自我克制的能力，即使克制才能帶來最大的利益。
37. 會衝動行事，事後有時會反悔，有時不會。
38. 會要求別人施惠，但不會同等回報。
39. 會以不相干的要求回應他人的請求，而且經常是完全予以忽略。
40. 會將周遭的人「分裂」成兩派，完全的好人和完全的壞人，因而挑起許多衝突。

通常，一般人會對這些行為的可預測性和明顯程度感到震驚。一旦他們了解前面提過的四種主要特徵後，就可以避開高衝突人格者，或利用本書提及的CARS法則來處理與他們的關係。

註釋

第一章

1 American Psychiatric Association, Diagnostic and Statistical Manual of MentalDisorders, Fifth Edition (Washington, DC: American Psychiatric Association,2013). Hereafter DSM-5.

2 「機緣巧合」（dropped from the sky）和「以受害者自居」（victim in life）的說法取自於 Gregory Lester 教授的人格障礙課程內容。

3 The DSM-5 says: “Data from the 2001–2002 National Epidemiologic Surveyon Alcohol and Related Conditions suggest that approximately 15% ofU.S. adults have at least one personality disorder” (page 646).

第二章

1 此說法引用自 DSM-5 對於人格障礙的特徵說明：“The enduring pattern is inflexible and pervasive across a broad range of personal and social situations” (page 646). 由於高衝突人格者通常也有人格障礙，所以會有相同的特徵。

2 Michael Muskal, "Phoenix Lawyer Shot After Mediation Session Dies,"Los Angeles Times, February 1, 2013.

3 Gavin de Becker, The Gift of Fear: Survival Signals That Protect Us from Violence (New York: Dell, 1997).

4 想更了解 CARS 法則是如何發展而來的，請參考我另一本著作：It's All Your Fault!: 12 Tips for Managing People Who Blame Others for Everything (Scottsdale, AZ: Unhooked Books, 2008)

第三章

1 全美酒精及相關病症流行病學調查（The National Epidemiologic Survey on Alcohol and Related Conditions）是由美國健康研究中心贊助執行。此調查針對美國人口中盛行的人格障礙有大規模且詳實的研究，發現年輕族群患有人格障礙的比例較年長族群高，代表患者一代比一代多。本書所提到「美國健康研究中心的報告」，乃結合以下三份報告的內容：B. F. Grant, D. S. Hasin, F. S. Stinson, D. A. Dawson, S. P. Chou, W. J. Ruan, and R. P. Pickering, "Prevalence, correlates, and disability of personality disorders in the United States: Results from the National Epidemiologic Survey on Alcohol and Related Conditions," Journal of Clinical Psychiatry 65, no. 7

(2004): 948–58.
B. F. Grant, S. P. Chou, R. B. Goldstein, B. Huang, F. S. Stinson, T. D. Saha, S. M. Smith, D. A. Dawson, A. J. Pulay, R. P. Pickering, and W. J. Ruan, "Prevalence, correlates, disability, and comorbidity of DSM-IV borderline personality disorder: Results from the Wave 2 National Epidemiologic Survey on Alcohol and Related Conditions," Journal of Clinical Psychiatry 69, no. 4 (2008): 533–45.
F. S. Stinson, D. A. Dawson, R. B. Goldstein, S. P. Chou, B. Huang, S. M. Smith, W. J. Ruan, A. J. Pulay, T. D. Saha, R. P. Pickering, and B. F. Grant, "Prevalence, correlates, disability, and comorbidity of DSM-IV narcissistic personality disorder: Results from the Wave 2 National Epidemiologic Survey on Alcohol and Related Conditions," Journal of Clinical Psychiatry 69, no. 7 (2008): 103345.
2 Jonathan Haidt, The Righteous Mind: Why Good People Are Divided by Politics and Religion (New York: Pantheon, 2012).
3 S. Carpenter, "Buried Prejudice," Scientific American Mind 19, no. 2 (2008):3339.
4 Haidt, The Righteous Mind. 作者認為人類從幾十萬年前便開始學習「合群」，因此我們是具有團體性（groupish）的。
5 Cass R. Sunstein and Reid Hastie, Wiser: Getting Beyond Groupthink to Make Groups

Smarter (Boston: Harvard Business Review Press, 2015).

第四章

1 Stinson, F. S., et al., 1036.
2 Ibid., 1038.
3 Ibid.
4 Ibid., 1036.
5 DSM-5, 646.
6 Joseph Burgo, The Hero as Narcissist: How Lance Armstrong and Greg Mortenson Conned a Willing Public (Chapel Hill, NC: New Rise Press, 2013).
7 http:// www.psychologytoday.com/ blog/ shame/ 201301/lance-armstrong- narcissism-and-what-lies-behind-it.
8 http:// comedownoffthecross.wordpress.com/ 2013/ 01/ 19/ sociopath-or-narcissist/.
9 Alex Gibney, The Armstrong Lie documentary (United States: Sony Pictures Classics, 2013).
10 Joe Navarro, Hunting Terrorists: A Look at the Psychopatholog y of Terror, 2nd Ed. (Springfield, IL: Charles C. Thomas, Publisher, 2013), 37–38.

第五章

1 B. F. Grant, D. S. Hasin, et al., 536.

2 Ibid.

3 Randi Kreger, The Essential Family Guide to Borderline Personality Disorder: New Tools and Techniques to Stop Walking on Eggshells (Center City, MN: Hazelden, 2008).

第六章

1 B. F. Grant, D. S. Hasin, et al., 951.

2 Ibid., 952.

3 Donald G. Dutton, The Abusive Personality: Violence and Control in Intimate Relationships (New York: Guilford Press, 1998).

4 B. F. Grant, D. S. Hasin, et al., 952.

5 Paul Babiak and Robert D. Hare, Snakes in Suits: When Psychopaths Go to Work (New York: Regan Books, 2006). 引用兩位作者說法：“APD is similar to sociopathy. . . . The prevalence of those we would describe as sociopathic is unknown but likely is considerably higher than that of APD”(page 19).

6 Ann Rule, The Stranger Beside Me (New York: W. W. Norton & Company, 1980; Seattle: Planet Ann Rule, LLC, 2017).

7 U.S. Securities and Exchange Commission Office of Investigations, Investigation of Failure of the SEC to Uncover Bernard Madoff's Ponzi Scheme——Public Version, August 31, 2009. Retrieved on May 10, 2017, www.sec.gov/ news/ studies/ 2009/oig-509. pdf.

8 Diana B. Henriques and Al Baker, "A Madoff Son Hangs Himself on Father's Arrest Anniversary," New York Times, December 11, 2010, http://www.nytimes.com/ 2010/ 12/ 12/ business/ 12madoff.html.

9 Ashley Reich, "Ruth Madoff Divorce? Bernie Madoff's Wife Cuts Ties: Report,"Huffington Post, October 15, 2011, http:// www.huffingtonpost.com/ 2011/ 08/ 15/ruth-madoff-divorce-bernie-madoff_n_ 927295.html.

第七章

1 DSM-5, 951–52

2 Lassiter v. Reno, 86 F.3d 1151.

第八章

1 B. F. Grant, D. S. Hasin, et al., 952.

2 Ibid.

3 DSM-5, 667.

4 In re Carrington H., 483 S.W.3d 507, 521–22.

5 Ibid., 509–10.

6 Ibid., 507, 507, 522.

7 Ibid., 507, 522–23.

8 Ibid., 507, 513.

9 Ibid., 507, 529–30.

第九章

1 「負面擁護者」一詞首次發表於我自費出版的作品，現在已更名重新出版：High Conflict Personalities: Understanding and Resolving Their Costly Disputes (San Diego, CA: William A. Eddy, 2003).

2 Justin Block, “10 Years Later, The Duke Lacrosse Rape Case Still Stings,”Huffington

Post, March 11, 2016, Updated December 29, 2016.

第十一章

1 這部份資料參考了艾倫・史寇爾博士的多本著作，其中最重要的為：The Science of the Art of Psychotherapy (New York: W. W. Norton, 2012).

2 Martin Teicher, "Scars That Won't Heal: The Neurobiology of Child Abuse,"Scientific American 286, no. 3 (2002): 68–75.

3 Rob DeSalle and Ian Tattersall, Human Origins: What Bones and Genomes Tell Us About Ourselves (Number Thirteen: Texas A& M University Anthropology Series, D. Gentry Steele, ed.).

4 Carl Zimmer, "Monkeys Could Talk, but They Don't Have the Brains for It," New York Times, December 9, 2016. This article cites researchers who say that humans' evolution of speech came primarily from changes in the vocal tract allowing the tongue to move back into the throat. "It's not until 75,000 years ago that you find fossils of fully modern humans with a vocal tract like that."

5 Jean M. Twenge and W. Keith Campbell, The Narcissism Epidemic: Living inthe Age of Entitlement (New York: Free Press, 2009).

6 B. F. Grant, D. S. Hasin, et al., 952.

7 Steven Pinker, The Better Angels of Our Nature: Why Violence Has Declined (NewYork: Viking, 2011).

8 Robert Sutton, The No Asshole Rule: Building a Civilized Workplace and SurvivingOne That Isn't (New York: Warner Business Books, 2007).

9 關於當年賈伯斯身旁的人士如何透過 CARS 法則應對，分析請參考：Bill Eddy and L. Georgi DiStefano, It's All Your Fault at Work: Managing Narcissists and Other High-Conflict People (Scottsdale,AZ: Unhooked Books, 2015).

國家圖書館出版品預行編目 (CIP) 資料

30 年專家也想避開的 5 種高衝突人格 : 小心那些隱藏在你身邊的人際地雷！ 5 種善良者必懂的自保識人術 / 比爾．艾迪 (Bill Eddy) 著 ; 殷麗君譯 . -- 初版 . -- 臺北市：遠流，2018.06
面； 公分
譯自 : 5 types of people who can ruin your life : identifying and dealing with narcissists, sociopaths, and other high-conflict personalities
ISBN 978-957-32-8306-5 (平裝)
1. 人際衝突 2. 衝突管理
177.3 107008787

30 年專家也想避開的 5 種高衝突人格：
小心那些隱藏在你身邊的人際地雷！ 5 種善良者必懂的自保識人術

作者／比爾．艾迪（Bill Eddy）
譯者／殷麗君
總編輯／盧春旭
執行編輯／黃婉華
行銷企畫／鍾佳吟
封面設計／蔡南昇
內頁設計／ Alan Chan

發行人／王榮文
出版發行／遠流出版事業股份有限公司
地址：臺北市南昌路二段 81 號 6 樓
電話：（02）2392-6899
傳真：（02）2392-6658
郵撥：0189456-1

著作權顧問／蕭雄淋律師
2018 年 7 月 1 日 初版一刷
定價 新台幣 380 元

ISBN 978-957-32-8306-5

YLib 遠流博識網
http://www.ylib.com
E-mail: ylib @ ylib.com